正義を振りかざす「極端な人」の正体

山口真一

光文社新書

目　次

はじめに　7

不寛容化する社会／定着した「不謹慎狩り」／不寛容の象徴「ネット炎上」／一日3回どこかで誰かが燃えている／ネットの世界だけでない不寛容さ／「極端な人」が社会を支配している？

第1章　ネットに「極端な人」があふれる理由　——　23

「極端な人」が人の命までも絶つ／「極端な人」による「殺人」は世界中で起こっている／「極端な人」の方が立場が上の社会／「極端な人」ネット右翼／社会に対して否定的で、不寛容で、攻撃的な人／「ネット上では『極端な人』が多い」は世界共通の認識／「極端な人」が多く見える理由／ネットは人類が初めて経験する「能動的発信だけの言論空間」／「極端な人」はとにかく発信する／14％が46％の意見を作る／関心の高いテーマほど意見分布は歪む／ＳＮＳは世論を反映しない／クチコミでも極端な意見が多い／ネットは「極端な人」を生み出す装置？／「自分の好きな情報だけに接する」はそこかしこで起きている／ネットの技術が極性化を加速させる／話題になった「ネットは社会を分断しない」／非対面だと攻撃してしまう／非対面での攻撃性は人間の本性かもしれない／攻撃的な意見は広まりやすい／フェイクニュースは真実より拡散される

第2章　ネットだけでない「極端な人」 ——— 71

ネットの誹謗中傷の陰にマスメディアがある／メディアのビジネスモデルの罪／ネット炎上、最も拡散しているのはテレビ／ネット発信のバッシングに乗り厳しく追及するマスメディア／非実在型炎上の罪／サザエさんに「極端な人」が攻撃しているという幻想／新型コロナウイルスが極端な社会を加速させる／攻撃の裏に不安がある／一般人も炎上の対象となる／「極端な人」によって倒産、進学・結婚取り消し／何もしていなくても誹謗中傷される／いじめ加害者の祖父と間違われ１００件の電話／「極端な人」同士は議論が出来ない／大衆の手による過剰な表現規制／現実社会でも元気な「極端な人」／「極端な人」による不寛容社会／なぜクレーマーは増えたのか／萎縮する側にも課題がある

第3章　「極端な人」の正体 ——— 113

「極端な人」とはどのような人なのか／「ネット右翼は低学歴のひきこもり」は誤り／政治以外の「極端な人」も特別な人ではない／「年収が高い」「主任・係長クラス以上」——炎上に参加／暇人でなくとも「極端な人」にはなれる／社会に対して否定的で、寛容性が低い人たち／「極端な人」はごく少数／「極端な人」は少ない——有識者の間では知られていた／木村さんの事件でも一日最大４００件未満／同じ人が何度も書き込んでいる実態／自分の中の正義で他人を裁く／使命感にかられる「極端な人」たち／正義による快楽の連鎖／幸福とは何か／満たされていない「極端な人」たち／正義感の裏に不満がある

第4章　「極端な人」が力を持つ社会でどう対処するか ——— 149

ネットの匿名性が悪なのか？／「実名制にすれば解決」は間違い／実名制にしても駄目なのは「正義感」だから／罰則強化による抑止は可能か／法律による規制は10年20年後を見通す／サービス事業者を法律で縛ればよいか／オーバーブロッキングの危険性／被害者に寄り添う法律が必要／民間発信での取り組みの必要性／人は少しハード

ルを上げるだけで思いとどまる／「見たくないものを見ない自由」の保障／サービス事業者以外も適切な対処を

第5章 「極端な人」にならないための5箇条 —— 177

極端であることの罪／「極端な人」にならないための5箇条／①情報の偏りを知る／触れる情報は常に偏っている／年齢を問わない教育の充実が必要／②自分の「正義感」に敏感になる／③自分を客観的に見る／「にんげんだもの」を忘れない／④情報から一度距離をとってみる／⑤他者を尊重する／近代化の歴史の中で情報社会を捉える／経済を重視する産業社会の出現／一人一人の心掛けが豊かな情報社会を作る

あとがき 203

参考文献 214

はじめに

不寛容化する社会

あなたは、このように思ったことはないだろうか。

「最近社会が不寛容になった」

「ネットは攻撃的な人が多く、怖いところだ」

確かに、ＳＮＳやネットニュースのコメント欄を見ると、実に多くの罵詈《ばり》雑言《ぞうごん》に出会う。

「コイツ頭おかしいだろ」「〇〇は人間の最下層だ」「お前は何も分かっていない、勉強しなおせ」。このような言葉は、わざわざ探そうと思わなくても、あるいは避けようと思っていても、ネットをやっていると否応なしに目に入ってくることがある。

中には「死ね」などの、非常に直接的で攻撃的なワードを使う人や、目をつぶりたくなるような差別的表現を使う人もいる。
最近爆発的な広がりを見せた、新型コロナウイルス関係でも「不寛容さ」は目につく。電車の中で少しでも咳をする人がいれば、鬼の形相でにらまれ、中には喧嘩にまで発展して電車を止めた例もある。

そして、ひとたび感染が報じられると、あたかも感染者が罪人であるかのようにバッシングされる。ＳＮＳや掲示板では、感染者やその家族の氏名や住所などの個人情報を拡散する動きが活発になっており、その情報をもとに電話やネットを使った熾烈《しれつ》な誹謗中傷攻撃が始まる。さらに、それを面白おかしく取り上げるネットメディアやまとめサイトもある。

「石を投げて落書きするべき」――これは、実際にネットの掲示板に書かれた言葉だ。さらに、実際に自宅の壁に「バカヤロー」と落書きされた事例もある。感染者は、感染したくて感染したわけではない。被害者であるにもかかわらず、世界中の人が見ることの出来る場所で個人情報が晒され、いわれなき誹謗中傷を受けてしまう。

また、陽性となったある女性は、味覚・嗅覚異常発覚後にも友人とバーベキューやゴルフをしたり、感染発覚後に高速バスに乗って帰京したりしたということで、大バッシングを受けることとなった。県が詳細に感染者の行動を公表したことも印象的だったが、それ以上に、テレビがこぞって取り上げ、かなりの時間を割いてこの女性の行動に対して批判をしていたのも印象的だった。

　確かに、この女性の行動は褒められることではないし、擁護する気はない。しかし、社会全体が混乱している中で、何千万人が見ていて多大な影響力を持つマスメディアにおいて一個人を執拗《しつよう》に批判するというのは、社会の不寛容さを加速させているのではないか。

　事実、マスメディアで報じられることで、ネット上での批判や誹謗中傷は極端に増えた。個人情報も特定され、広く拡散、ＳＮＳで女性のアカウントに直接罵声を浴びせる者も多く発生した。視聴者に分かりやすい「敵」を用意することで視聴率を稼ごうとしているメディアの姿勢が、まるでネットとの相乗効果を生み出して、社会をさらに不寛容にさせているようである。

　このように誹謗中傷される例は感染者だけではない。運送会社のドライバーが「コロナ運ぶな！」と突然罵倒されたり、突然アルコール消毒液をかけられたりといった事例も発生している。「マスクの入荷はいつ？　いつもないじゃない！」などのクレームを多く受け、ツイッター上で「疲れました」と訴えたドラッグストアの店員もいる。

定着した「不謹慎狩り」

「不謹慎狩り」という言葉は近年定着したものだ。不謹慎狩りとは、著名人がネット上で発信するコメントや画像をことごとく批判・誹謗中傷することを指す。特に、大きな災害やパンデミックが発生した時に見られる現象だ。

例えば、２０１６年４月に発生した熊本地震の際、モデルの菜々緒さんがインスタグラムにファッション誌用の写真を投稿したところ、「ズレてる」「自分の写真より義援金の振込先や必要物資の送り先を」などの批判が付いた。

タレントでモデルの紗栄子さんは、５００万円の寄付をしたとネット上で公表したところ、「いちいちＳＮＳに上げる必要があるのか」「こんな時に、わざわざ募金しましたって画像アップする神経がマジですごい」「好感度上げたいのか」などと攻撃された。

中には、被災者なのに外野から非難された例もある。自宅が被災したタレント・女優の井上晴美さんが避難生活の状況をブログで発信していたら、なんと「愚痴りたいのはお前だけではない」「可哀想な私アピールがイラつく」「不幸自慢にしか見えない」「芸能人だからって特別扱いされると思うな」などの心無いコメントが相次いだのだ。結局井上さんは、「これで発信やめます　これ以上の辛さは今はごめんなさい　必死です」と書いて発信を停止す

図1　ネット上で「不謹慎」という言葉はどれだけ検索されているか

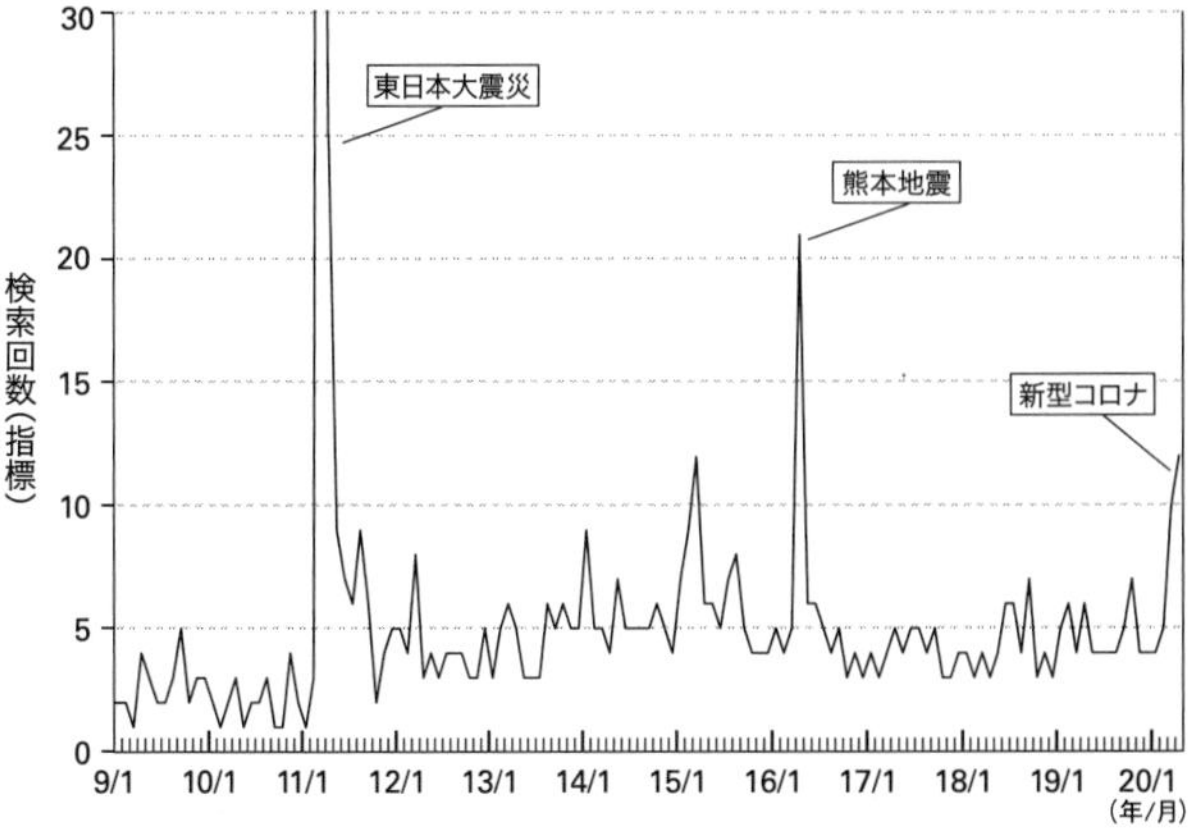

（出所）Googleトレンドより筆者作成

るに至ってしまった。

「不謹慎」という言葉は、２０１１年３月11日に発生した東日本大震災の時にネット上で爆発的に使われるようになり、その後減少したものの元に戻らずにネット上で使われ続けている言葉である。

図1は、ネット上で「不謹慎」という言葉がどれだけ検索されているか、Ｇｏｏｇｌｅトレンドを使って調査したものである。東日本大震災の時に最大になっており、その時を１００とした指標としている。ただし、東日本大震災時に不謹慎という言葉があまりにも検索され、そこに縦軸を合わせると他の動きが見えなくなってしまう。そこで、グラフを見やすくするため縦軸の最大値は30としてい

る。

図を見ると、東日本大震災の時に急増した「不謹慎」というワードの検索回数は、その後落ち着くものの、東日本大震災前と比べて高い水準で横ばいになっていることが分かる。さらにこれは熊本地震の時に増加し、そして新型コロナウイルスの件で再び増加している。

どうやら人々の中に「不謹慎」というワードが根付き、有事の際には必ずネット上で流行《はや》るようだ。

不寛容の象徴「ネット炎上」

この「不謹慎狩り」のように、ある人や企業の行為・発言・書き込みに対して、ネット上で多数の批判や誹謗中傷が行われることを「ネット炎上」という。この言葉を、あなたも一度は聞いたことがあるだろう。炎上は災害時に限らず、日本全国で頻繁に起きている現象だ。

例えば、キリンが自社製品の「午後の紅茶」のキャンペーンとして「午後ティー女子」として４種類のイラストを公開し、「いると思ったらＲＴ」と投稿したところ炎上したことがある。なぜなら、そのイラストが「モデル気取り自尊心高め女子」などとシニカルな内容であったため、「顧客を悪く描いて何が楽しいのか」「女性をモノ化し、批判し、馬鹿にしている広告ですね。残念ですがもう商品を買いません」などの批判が殺到したのである。

炎上を受け、企業は投稿の削除と謝罪をするに至った。ツイッターで話題になることを狙った尖った企画であったが、一部の消費者に受け入れられず大炎上となったといえる。

他には、蕎麦屋でバイトしている学生が洗浄機に入った写真を、「洗浄機で洗われてきれいになっちゃった」というコメント付きでツイッターに投稿したところ、不潔だとして批判や誹謗中傷が殺到したこともある。本人はネタのつもりでやったのであろうが、誰でも見られるツイッターに投稿してしまったことで炎上してしまったのである。投稿した学生の個人情報は瞬く間に特定され、氏名、住所、大学名全てがネット上に拡散されてしまった。

さらに、こういう場合は店側にも批判が殺到する。蕎麦屋にクレームの電話が殺到し、常連からも批判されてしまったようだ。「不衛生だ、金を返せ」などのクレームが止まらない状況を受け、最終的に蕎麦屋はなんと閉店するに至った。

芸能人・タレントも頻繁に炎上に遭う。例えば、人気声優の平野綾さんがテレビ番組内で恋愛経験と恋愛観を語ったところ、アイドル性を求めるファンや便乗してバッシングしたいアンチ、愉快犯などから、様々な誹謗中傷を受けた。この件では、平野さんのグッズやＣＤを叩き割った写真を投稿する人もおり、かなり長期にわたって悪質な誹謗中傷を書かれ続けることとなった。

また、清純派で売っていたタレント・ベッキーさんがひとたび不倫をしようものなら、メディアで大バッシングを受け、ネット上では罵詈雑言を浴びせかけられる。一度は活動休止に追い込まれ、時間を置いて復帰しようとしても「出る方も使う方も気持ち悪い」などと長期にわたり批判されることとなった。

一日3回どこかで誰かが燃えている

今、これらの炎上事例を見て、あなたはどう思っただろうか。「こんな奴らは誹謗中傷されて当然！」と思っただろうか。あるいは、「なんでそこまで他人を叩くのだろう？」と、攻撃している人に疑問を持っただろうか。あるいは、「○○という件が炎上するのはおかしいが、△△は炎上して当然」と、事例によって判断が分かれただろうか。

確かに、「誹謗中傷されて当然！」と思う気持ちも分かる。炎上事例は多くの場合、炎上する側にも非がある。他人を不快にさせたり、他人に迷惑をかけたりしているようなものが多い。そういった意味でいうと、他人にかけている迷惑度が事例によって異なるため、それによって判断が分かれた人が一番多かっただろうか。

しかし、多人数で寄ってたかってネットに誹謗中傷を書き、個人情報を晒し上げ、進学や結婚に多大な影響を及ぼしたり、著名人が社会から退場するまで攻撃したり、店舗がつぶれるまでクレームを入れたりすることが、果たして妥当だろうか。

あるいは、自分や自分の周りの人が直接的な不利益を受けたわけではなく、自分と何か関係があるわけではない全くの赤の他人に対して、寄ってたかって罵詈雑言を浴びせるのが住みやすい社会だろうか。

おそらく、そこまで考える人は、ほとんどいないのではないかと思う。

しかしそれでもなお、炎上に参加して他人を攻撃したいと思う人が、世の中にはいる。ただ怒りを覚えるだけでなく、全く面識のない赤の他人に対して、ネットでわざわざ誹謗中傷を書き込んだり、個人情報を特定したりするのである。

このような炎上は日常的に耳にすることが増え、「特別な現象」ではもはやなくなってきた。Webリスクについて調査・コンサルをしているデジタル・クライシス総合研究所によると、2019年の炎上発生件数は、年間1200件程度であったようだ。一年は365日しかないので、一日当たり3回以上、どこかで誰かが燃えているのが現実といえる。

さらに、炎上はネット普及前のバッシングと異なる点がある。それは、批判が可視化されたうえで拡散されやすいという点である。

可視化というのは、批判が書かれたワードとして誰の目にも見える形になることを指している。これまで井戸端会議で終わっていたようなバッシングまで、全ての攻撃がこのSNS時代には「見える化」されるのである。

そして多くのSNSは、情報を気軽に拡散できるように設計されている。それは、簡単に情報を共有できることは、コミュニケーションをより豊かにすると考えられているためである。しかしその結果、炎上事例は瞬く間にネット上を駆け巡ることとなってしまった。

さらに、近年ではマスメディアもネットの情報をチェックしており、積極的に取り上げるようにしている。そして、マスメディアが報道すると、今度はそのソース（情報源）付きでSNSに投稿するものが現れる。このようにメディアとSNSが相乗的に情報を拡散していく様子について、法政大学准教授の藤代裕之氏は、メディアとSNSの共振現象という表現を使っている。

以上見てきたように、炎上が可視化された状態で瞬く間に拡散するような構造では、ネットは怖いところで、攻撃的な人が多い場所だと思う人が増えるのも無理はないだろう。

ネットの世界だけでない不寛容さ

社会の不寛容さが見られるのは、何もネットだけではない。日本最大の労働組合であるUAゼンセンが、流通部門所属組合の組合員を対象に悪質クレーム（迷惑行為）について調査を行ったところ、なんと70％が「何らかの迷惑行為に遭遇したことがある」と回答した。この調査は何度か行われているが、どれも大勢は変わらない。そして突出して多い迷惑行為が「暴言」だ。

例えば、「お客様から『デブ、おばさん、名指し（呼び捨て）で○○やれ』とか繰り返し大声で言われた。クレームというよりただの悪口を何回も言われた感じでした」「約2時間一方的な要求を訴えられ、拒否したところ、馬鹿、低能、社会人失格など罵倒雑言を浴びせられた」といったものから、「話し合いの場を持った時、片手にナイフを持ちながら、暗黙で金品を要求する脅し行為を受けた」など明らかな犯罪行為まで、内容は千差万別である。

クレームというと企業側にも非があるような印象を受けるが、そういったかなり逸脱した要求をしている事例が多いことが分かる。次のような事例もある。

鮮魚売り場で「焼き魚用があるか」との問いに、担当者が「鍋用の魚でも焼き魚用にな

ります」と答えたが、その接客態度が横柄ととられて苦情となった。売場責任者がお詫びし「担当者を再教育します」と説明したが、従業員の解雇を要求してきた。

男性客がクレジットカードの申し込みをし、指定された時間にカードを取りに来たが、手続きが遅れており、作成されていなかった。再度手続きをしてカードを発行したが「仕事の仕方がいい加減だ」と怒り、謝罪と原因説明の文書を出せと要求された。

よくあるパターンとしては、「社長を出せ、責任者を呼べ、上の者を出せのリピート」「長時間の監禁」などがあるらしい。特徴としては、自分に非がある場合にも企業側の態度などに難癖をつけ、そこを執拗に責めるということが挙げられる。

こう書くと、クレーマー側も自分が間違っていると思って相手を非難しているように捉えるかもしれない。しかし実際には、ほとんどの場合クレーマー側は自分を正義だと思い、正義だと思っているからこそ極端な物言い、批判、人格否定まで含む誹謗中傷を、自信をもって繰り返すのである。

どれも現実で遭遇したら、目を覆いたくなるような内容だが、実際にはこういったことが毎日のように日本全国で繰り広げられているのである。

そしてこのような悪質クレームについては、なんと約50%が「近年増えていると感じる」と答えていた。その一方で、「減っている」と感じているのはわずか３%である。社会の不寛容化は、どうやらネットだけの現象ではないようだ。

「極端な人」が社会を支配している?

こうしてみると、そこかしこに「極端な人」が存在し、時にＳＮＳ上の誹謗中傷投稿者として、時に不謹慎狩りを行う人として、時にネット炎上に加担する人として、時にクレーマーとしてその力をふるっているように見える。

その影響は甚大だ。進学や結婚が取り消しになった人、ネットで傷ついてひきこもるようになってしまった人、活動自粛せざるを得なくなった芸能人、倒産してしまった企業、しつこいクレームが原因で精神を病んでしまった人、様々な人が「極端な人」によってネガティブな影響を受けている。

さらに、影響はそれに留まらない。「極端な人」が力をふるっている空間では、普通の人は表現することそのものをためらわざるを得ない。災害時、不謹慎狩りが起こるＳＮＳ上で通常の投稿をするのはためらわれるし、政治等のセンシティブな話題で自分の考えを言おうものなら、すぐさま「極端な人」からバッシングを受けかねないので、当たり障りのない話しか出来ない。

折角ネットやＳＮＳが普及して誰もが自由に発信できるような、一億総メディア時代ともいえる時代が来たにもかかわらず、「極端な人」の存在によって、表現を逆に抑えざるを得なくなってきているのである。

そして、社会に「極端な人」ばかりがあふれ、社会が不寛容になると、やがて社会の分断が引き起こされることが指摘されている。なぜならば、「極端な人」同士では自分と異なる意見を受け入れることは非常に困難であり、議論や合意は難しいからだ。その結果、主張と主張、正義と正義がぶつかり合うだけになってしまい、社会は分断されていく。

いったいこの「極端な人」たちは何者なのか。なぜこれほど社会に大きな影響力を持つようになったのか。自分が「極端な人」にならないためにはどうすればいいのだろうか。

筆者は経済学博士であり、特に計量経済学と言われる統計的手法を専門としている研究者である。そして、主にネットメディア論を研究分野としており、これまで統計的手法を使って、ネット炎上やフェイクニュースを始めとする、様々なＳＮＳ上の人々の発信のメカニズムを研究してきた。

本書は、「極端な人たちがいる社会が生きにくい」と感じている人、「自分も極端な人になるかも」と心配している人、そういう方たちに、データ解析と事例というエビデンスから、何らかの答えを出すことを目的としている。このように感じている人には、是非本書をお読みいただき、ネット社会の実態を知ったうえで、今後自分はどうすればいいのか、参考にしていただければ幸いである。

第1章　ネットに「極端な人」があふれる理由

「極端な人」が人の命までも絶つ

２０２０年5月23日、あまりにも悲しく、痛ましい報道が日本中を駆け巡った。女子プロレスラーの木村花さん（享年22）が、人気テレビ番組を発端としたネット上の誹謗中傷・非難に耐えられず、自殺してしまったというニュースだ。

本件について調べていたら、理由がよく分からぬまま自然と涙が出てきていたのを覚えている。被害者の、あまりにも優しく悲しい発信から見えてくる悲痛な気持ちや、個人をどこまでも追い詰める人々の悪意に悲しくなったのだろうか。歳を重ねて涙もろくなってきたこともあるかもしれない。

経緯について簡単に説明すると、木村さんはフジテレビなどが制作を手掛けてネットフリックスを中心に放送されていた番組「テラスハウス」に出演していた。「テラスハウス」はリアリティーショーという体裁をとっており、「台本がない」という設定の下、一つ屋根の下で複数の男女が暮らしている様子を記録・放映する番組であった。

そして攻撃される主な要因となったのは、番組内で木村さんが出演者のコメディアンを目指している男性に対して激怒した一幕である。もともと木村さんとその男性は良い雰囲気であったのだが、京都への旅行を機に、自分の世界にこもりがちでマイペースな男性と木村さんはすれ違っていった。

そして事件は起こる。木村さんが洗濯機の中に非常に大切にしていたリング衣装を入れたままにしているのに男性が気付かず、そのまま洗濯・乾燥させてしまったのである。そのことに激怒し、なおかつ怒られてもただ黙っている男性に対してフラストレーションを募らせた木村さんは、「人生を舐めている」といい、男性につかみかかって男性の被っていた帽子を取って投げ捨ててしまう。


「全日本人はあなたの敵です」

「早く消えろ」

「ブス」

「二度とテレビに出るな」

「おい！　メスゴリラ！　お前もうテラハじゃ恋愛でけへんし、邪魔やからやめてくれや！」

これらは、放送後に実際に木村さんのツイッターアカウントに直接送られたメッセージ（リプライ）である。このような誹謗中傷・攻撃が、放送直後にはなんと一日に数百件付くこともあった。

番組の内容が、どこまで台本があって、どこまで素だったかははっきりと分かってはいない。ただし、「プロレスのリング衣装は洗濯機で洗ったくらいでは縮まないので、縮んで怒るのはおかしい」という指摘や、「当該番組の9割には流れがある」といった指摘もある。

さらに、7月15日には、木村さんの母・響子さんが、ＢＰＯ（放送倫理・番組向上機構）に対し、放送による人権侵害があったとして審議を申し立てた。申し立てでは、誹謗中傷が集中するきっかけとなった事件について、スタッフからのやらせ指示があっただけでなく、「演出指示に従うこと」などを含んだ誓約書にサインさせられていたことを指摘している。

本稿執筆時点では、フジテレビ側は社長会見で「無理強いはしていない」「感情表現を捻じ曲げるような指示はしていない」などと発表したうえで、社内調査中としている。

ただいずれにせよ、その部分が放送されたということは、番組サイドが「これは使える（視聴率を稼げる）」と考えてコンテンツに組み込んだのは間違いない。

この番組を見て、どう思うかは人それぞれだろう。男性に対して不快に思う人もいれば、木村さんに対して不快に思う人もいるだろう。しかし、本人に直接、ネット上で口汚い言葉で罵《ののし》ろうと思う人は、ごく一部の「極端な人」だ。なんと中には、１００件以上のメッセージを送っているような人もいた。

木村さんは、最後まで誹謗中傷を送ってくる人に反論はしなかった。亡くなる直前には、次のようにＳＮＳに投稿している。

「毎日１００件近く率直な意見。傷付いたのは否定できなかったから。」
「弱い私でごめんなさい。」
「愛してる、楽しく長生きしてね。ごめんね。」

「極端な人」による「殺人」は世界中で起こっている

このような悲劇は、何も日本だけの話ではない。例えば韓国では、２０１９年10月に韓国の女性アイドルグループ「ｆ（ｘ）」の元メンバー、ソルリさんが自宅で死亡する事件が起きた。この背景には、ネット上での悪質な書き込みにひどく悩んでいたということがあったようだ。

彼女はもともと、愛くるしい容貌と天真爛漫なイメージで人気を得たが、その自由奔放さが時に誤解を受けて物議を醸すことが少なくなかった。そのため、ネット上では誹謗中傷が継続的に書き込まれるようになる。さらに、14歳年上の男性との交際が発覚したことも重なって誹謗中傷が殺到し、２０１４年には一時活動休止もしていた。

さらにこの事件は、これで終わりではなかった。なんとその１か月後の11月には、ソルリさんの親友の、韓国の女性アイドルグループ「ＫＡＲＡ」の元メンバー、ク・ハラさんが自宅で亡くなったのである。

ク・ハラさんには、２０１６年のＫＡＲＡ活動休止後からトラブルが発生しており、元交際相手から訴えられたことで明らかとなった暴行疑惑や、対抗して自身で明らかにした相手男性からのリベンジポルノによる脅迫事件で、泥沼の訴訟が起きていた。

これに対し、韓国国内のＳＮＳで誹謗中傷の声が多く見られるようになっていった。例えば、元交際相手からのリベンジポルノによる脅迫を告白した際には、「１日雲隠れしている間にストーリー組み立ててアザ作ったのか」「外見と違ってわがままなんだな　気が強いよとにかく今回のことで裏表の人格がバレた」などの、人格を否定するような誹謗中傷が多く書かれた。このようなことが重なり、親友の自殺も相まって、自らの命を絶つ選択をしてしまったと考えられる。

実は、韓国はIT先進国であると同時に、このようなネット上の誹謗中傷先進国でもある。2008年には、人気女優のチェ・ジンシルさんが、同じくネット上の誹謗中傷を苦に自ら命を絶っている。

しかし、これはアジア圏だけの話ではない。2013年4月、フランスのリアリティー番組「コー・ランタ」の専属医師であったティエリー・コスタさんが、ネット上の誹謗中傷を苦に亡くなる事件が起こった。この番組は無人島でのサバイバルの様子を描いたリアリティーショーであり、最後まで残った参加者に賞金が与えられるという人気番組であった。

そのような人気番組であったが、出演者のジェラルド・ババン氏が亡くなってしまうという事故が起きてしまった。これに対し、ティエリー医師は現地で応急処置を行って、近くの病院にヘリコプターで搬送していた。しかしながら、この対応が不十分であり、ジェラルド氏が亡くなったのは医療処置に時間がかかりすぎたためだと複数のメディアで報道され、SNS上で多くの批判・誹謗中傷に晒されることとなってしまったのだ。

その結果、思い悩んだティエリー医師は、カンボジアで自ら命を絶ったのである。「極端な人」による攻撃は、世界中で人の命を絶つに至っているのだ。

「極端な人」の方が立場が上の社会

　サイエンスライターの片瀬久美子さんも、「極端な人」の被害を受けた人だ。片瀬さんは、森友・加計問題に関する公文書開示について、政府は説明責任があるという趣旨のツイートをしたところ、誹謗中傷を受けたり、デマを流されたりするようになった。

「旦那は強姦魔」
「娘に淫売を強要」
「不正に学位を取得」

　根も葉もない話で、大量のアカウントから誹謗中傷をしつこく受けることになった片瀬さんは、ツイッター社に通報した。ところが、「ツイッターのルールに違反していない」という回答を受けたため、特に悪質な投稿者に対して発信者情報開示請求を行うこととした。
　匿名でネットに書き込んだ人を訴える場合、ツイッター社などのサービス事業者に対して、裁判所を通じてＩＰアドレスの開示を請求したうえで、投稿者を特定していく必要がある。

そのための最初のステップが発信者情報開示請求である。

見たくもない誹謗中傷的な投稿の保存、弁護士への支払い、本人特定のための相手の居住地への訪問――多大な時間的・金銭的・心理的コストをかけ、１年がかりで加害者を特定した。どうやらその人は、数百のＳＮＳアカウントを保持し、別々の人物を装って誹謗中傷を繰り返していたらしい。

そしてついに、片瀬さんは民事裁判で勝訴したのである。２６０万円の支払いと謝罪を求める片瀬さんの訴えが全面的に認められた。

ところがこの話はハッピーエンドで終わらない。判決から約１年経った２０２０年６月時点でも、未だに謝罪も支払いもないというのだ。加害者は、検察の調べに対し、「悪気はなかった　遊びだった」と説明しているという。

ＮＨＫの「クローズアップ現代＋」でこの問題について取り上げた際には、「結局、加害者と私とを比べてみると、加害者は無傷なんですよ。今も普通に暮らしているんですよ。何ら罰せられることもなく、謝罪文も書かず。これって、このままでいいのかな」と、涙ぐみながら語る片瀬さんの姿があった。

「極端な人」ネット右翼

本書冒頭で、「ネットは攻撃的な人が多く、怖いところだ」と書いたが、何もそのように思っているのはあなただけではない。私が以前約２０００人を対象にアンケートをとったところ、75％の人は「ネットには攻撃的な人が多い」と考えており、70％の人は「ネットは怖いところだ」と考えていることが分かった。

「極端な人」によるネット上の誹謗中傷を見てネットに怖いイメージを持つ人は、世の中に大勢いるといえる。そして、ここまで「極端な人」による様々な誹謗中傷事例を見てきたが、これらは氷山の一角に過ぎないのだ。

ネット右翼という言葉もある。ネット右翼とは、インターネットと右翼をかけ合わせた言葉で、ネット上の掲示板やブログ、ＳＮＳなどで保守的・国粋主義的な意見を発信する人のことを指す。

画一的な定義は存在しないのが現状だが、大阪大学准教授の辻大介氏は、日本版のオルタナ右翼[1]がネット右翼だとしたうえで、「中国と韓国への排外的態度が強い」「保守的・愛国的政治志向が強い」「政治や社会問題に関するネット上での意見発信・議論への参加を積極的に行う」という特徴全てを満たしている人と定義している。

定義からも明らかであるが、排外主義的態度、保守的志向が強く、政治の話題によく首を突っ込むことから、自分の考えに合わない意見に対して行き過ぎた批判や誹謗中傷をしている例も多い。ネット上で政治的な話題を発信しにくくしている一端を担っているといえるだろう。

また、活動はネット内に留まることがなく、２０１０年頃からは在日コリアンに対する差別的な言辞を掲げる街頭デモ等が繰り返されるようになった。いわゆるヘイトスピーチである。まさに極端な言説や行動をとり、社会に大きなインパクトを与えている「極端な人たち」といえる。

なお、排外主義と関わらないためネット右翼ほど話題になることはないが、逆サイドのネット左翼と言われる人々ももちろんいる。このようなネット右翼とネット左翼は普段はそれぞれ隔絶され分離したコミュニティ・繫がりの中でコミュニケーションをしている。

１　アメリカにおける既存の右翼・保守思想に対する別の選択肢という意味で「オルト（alt）」という言葉が「右（right）」についた言葉。反フェミニズム、反多文化主義（排外主義）、反ポリティカル・コレクトネス、そしてレイシズムやミソジニーが特徴だと、駿河台大学准教授の八田真行氏は指摘する。

しかし、ひとたび叩ける材料があればこぞって批判とも言えないような差別的な誹謗中傷をすることも珍しくない。当然両者が分かりあうのは困難で、ネットでの自由な議論によって政治的な妥協点を見つけられる可能性は、極めて小さい。

社会に対して否定的で、不寛容で、攻撃的な人

政治に限らない、ネット上に批判や誹謗中傷があふれる「ネット炎上」全般についても、そのメカニズムが近年明らかになってきている。

私が以前、慶應義塾大学教授の田中辰雄氏らと研究したところによると、ネットで批判や誹謗中傷を書き込む人は、「ネット上では非難しあっていい」「世の中は根本的に間違っている」「ずるい奴がのさばるのが世の中」などの考えを持っている傾向があることが分かった。

社会に対して否定的で、不寛容で、攻撃的で、まさに極端な考え方を持っている人たちだ。そういった「極端な人たち」が、ひとたびネット炎上が発生すると、我先にとネット上に批判や誹謗中傷を書き込みに行くのである。そして、先ほどの片瀬さんの例にもあったとおり、中には大量のアカウントを作成して執拗に攻撃するものまで現れる。

ネット炎上がひとたび起こると、ネット上は批判や誹謗中傷であふれかえるように見え、

「この人はこんなに叩かれているんだ」と思いがちだ。しかし炎上参加者のこのような極端さを知ると、まるで「極端な人」がネット世論をリードしてしまっているようにも見える。

「ネット上では『極端な人』が多い」は世界共通の認識

「極端な人」をネットでよく見かけるというのは、日本に限った話ではない。

アメリカの歌手アリアナ・グランデさんと婚約していたコメディアンのピート・デイビッドソンさんは、２０１８年にインスタグラムのアカウントを消した。その理由が、ＳＮＳにあふれる攻撃的なメッセージだ。

デイビッドソンさんは、グランデさんと正式に付き合うようになってから、彼女のファンに攻撃されるようになった。英国メディアＢＢＣの報じたところによると、「インターネットは邪悪な場所だ。自分にとって気持ちのいい場所じゃない」と最後に書いて、アカウントを削除してしまったようである。

また、人気作『スター・ウォーズ　最後のジェダイ』に絡んで、アジア系米国人のケリー・マリー・トランさんは、インスタグラムで人種差別的な攻撃を大量に受けてインスタグラムから離れることとなった。アジア系のキャラクター（及び俳優）が、スター・ウォーズという40年以上続く超人気作に、重要な役回りで登場することが許せないファンが攻撃を仕掛けたようだ。

そのような著名人が攻撃を受けるだけではない。ネット上のいじめも、世界の大きな問題となっている。ＡＰ通信とＭＴＶがアメリカで行った世論調査では、15〜26歳の若者の７％に、ネットいじめの被害経験があった。

特に深刻なのが、アメリカで普及率の高いフェイスブックである。誹謗中傷が投稿されるだけでなく、それに対して同調するようなコメントや、いいねを押す人も被害者を傷つけるのに加担している。その一方で、誹謗中傷に反対意見を投稿するような子は少ない。その理由としては、被害者を守ろうとした子が今度はターゲットにされるのを恐れているということが挙げられる。

仕組みは現実社会のいじめと似ているが、より手軽に出来てしまい、かつ、学校から帰っても24時間そのようないじめに晒される可能性があるというのが、ネットいじめの危険なところである。

様々な研究も、ネット上では「極端な人」が多いということを示している。南カリフォルニア大学准教授のパブロ・バルベラ氏らが、２０１１年と２０１２年のスペインとアメリカで行われた選挙について、それぞれ1万２０００人と5万人のツイッターユーザのツイートを詳しく分析したところ、極左と極右のユーザのツイート頻度がはるかに高く、ツイート全体に与える影響力が非常に高かったことが分かった。

また、イエール大学のアントン・ゴルヴィッツァー氏の研究によると、年齢や政治的傾向に関係なく、ＳＮＳを利用する時間が長いと、社会における政治的意見を極端に感じるという結果も出ている。つまり、ネットを利用している人ほど、社会は極端な意見であふれ、分断が進んでいると感じるということだ。

どうやらネットが怖いところというのは世界共通で、普遍的な認識らしい。

「極端な人」が多く見える理由

しかし考えてみると、これはちょっとおかしい。なぜなら、現代社会ではネットを利用していない人はほとんどいない。「ネットユーザ≒社会にいる人」のはずで、ネットだけに怖い人が多いというのは実に奇妙だ。

なぜネットでは、このような奇妙な現象が起こるのだろうか。そのメカニズムを、最新の統計学や科学は解き明かしつつある。そしてその背景には、次の４つの「ネットが持ってしまっている根源的な特徴」が存在しているのだ。

①「極端な人」はとにかく発信する
②ネット自身が「極端な人」を生み出す
③非対面だと攻撃してしまう
④攻撃的で極端な意見ほど拡散される

ネットは人類が初めて経験する「能動的発信だけの言論空間」

最も大きい要因が、ネットの言論空間とは、極端で声の大きい人ほど、誰にも止められることなく、大量に発信できる場ということである。先ほど選挙の事例で、極左と極右のユーザのツイート頻度が高いということを説明したが、まさにあの現象の背景にあることだ。

「極端な人」は、当該問題について強い関心を抱いていたり、想いを持っていたりすることが多い。例えば、極右の人は政治というテーマについて確固たる考えを持っており、自分の政治信条について強い想いを持っている。往々にして、政治に全然詳しくなくて極端になったというよりは、かなり調べており、そのうえで極端になっていることが多い。これはもちろん、反対の極左にもいえることだ。

一方、中庸な意見を持っている人は、それほど強い想いを持っていない。自分の考えを多くの人に伝えなきゃという使命感にかられるようなことはないし、そもそも当該問題に関心の薄い人も多いだろう。

さて、ここまでは社会もネットも変わらない。しかしここから、ネットのある特徴が、ネットを「極端な人ばかり」にするのである。それは、ネットには「発信したい人しかいない」という特徴である。

例えば、よくテレビや新聞でやられるような世論調査では、電話を使って質問をして意見を収集する。この時、回答者は無作為に選ばれた人が、聞かれたから答えている状態である。つまり、受動的な発信だ。近年では回答者の選択方法に課題を指摘されることも多いが、ある程度社会の意見を反映した結果にはなっているだろう。

また、通常の会話においても、発信は能動的なものと受動的なものが入り混じる。もちろん、強い想いを持って発言をすることもあるが、話し相手がその話題に関心がなければ空を切るだけで、やがてその会話は終わる。また、会議やディスカッションの場であれば、あまりに話し過ぎていたら司会に止められる。そのうえ、時には相手から質問を受けることもあるため、受動的に発信することもあるわけだ。

しかし、ネット空間ではそういうことはない。ネットはとにかく発信したい人が発信したいことを言う場である。仮に極端な意見や誹謗中傷的な発言をしたところで、それを止めるような司会者もいない。強い想いを持ったら、その強い想いのままに、何の気兼ねもなく次から次へと発信していくことが可能なのである。

そう、とどのつまりは、ネットとは「能動的な発信」だけで構成された、極めて特殊な言論空間なのである。

いつまでも同じ話をしていたり、特定の批判や誹謗中傷ばかりをリアルの会話でしていたりしたら、その相手は嫌な顔をするか、その会話をいずれ遮るだろう。あるいは、自分の周囲から離れていくかもしれない。そうやって、言論空間の「社会性」というのは、リアルでは常に保たれるようになっているのだ。

しかし、SNSの自分のアカウントで好き勝手に極端な意見や誹謗中傷を垂れ流しても、それで嫌な顔をする人はいないし、遮る人もほとんどいない。たまに遮られても、今度はその遮ってきた見ず知らずの他人を攻撃すればいいのだ。ネットニュースやブログへのコメントも同様である。

　実は、この「万人による能動的な発信だけで構成された言論空間」がここまで普及したというのは、有史以来初めてのことである。ネットが普及して情報革命が起こり、人類は未だかつてないコミュニケーション環境に晒されたのだ。

「極端な人」はとにかく発信する

　能動的な発信だけで構成されている言論空間というのは、「極端な人」にとっては天国のような空間である。誰も自分の歩みを止める者はおらず、ひたすら自分の意見を世界中に、時には嫌な人に直接、書き込み続けられるのだ。

　しかも、この特徴はもう１つ、さらにネットで「極端な人」ばかりが元気になる現象を生み出す。それは、中庸的で強い心を持っていない人は、ネットの言論空間から退出してしまうということである。

　もしかしたらあなたも、ネット上で政治的な話題や、宗教やジェンダーの話題、あるいはファンの多い芸能人の話題などは、ある程度避けるようにしているかもしれない。なぜ避けるか。その理由の１つに、他人からの批判や心無い誹謗中傷が怖い・揉めるのが怖い、といったことはないだろうか。

そう、センシティブな話題ほど、ネットで発信をするとどこからともなく「極端な人」が現れ、攻撃を仕掛けてくるかもしれないのだ。だったら、発信しないで平穏に暮らしていた方がいい。こうやって、中庸的な意見の人ほどネットでの「極端な人」による攻撃が怖くて、言論空間から撤退していく。

しかし、「極端な人」はそうではない。自分の意見に確固たる自信があるし、相手を攻撃するのに迷いがない。もし反論されようと、「お前は何も分かっていない」「そんなことを言うなんて売国奴に違いない」などと取り合わず、上から意見をかぶせるだけである。何を言われてもくじけない強い人たちだ。

その結果何が起こるか。「極端な人」は多く発信を続け、それは留まることを知らない。その一方で、中庸な人はもともと発信のインセンティブが弱いうえ、「極端な人」が怖くて発信をやめてしまう。

そうすると、社会に大多数いるであろう中庸な人——他人の意見に耳を傾けられる人・ある物事や人について弱く支持している人・ある物事や人について不快に感じたり反対に思ったりしたが直接攻撃しようとまでは思わない人など——は、ネットの言論空間にはほとんどいなくなってしまい、代わって少数であるはずの極端な意見の持ち主が、ネットのマジョリ

図2　ネットでは社会と異なり谷型の意見分布となる

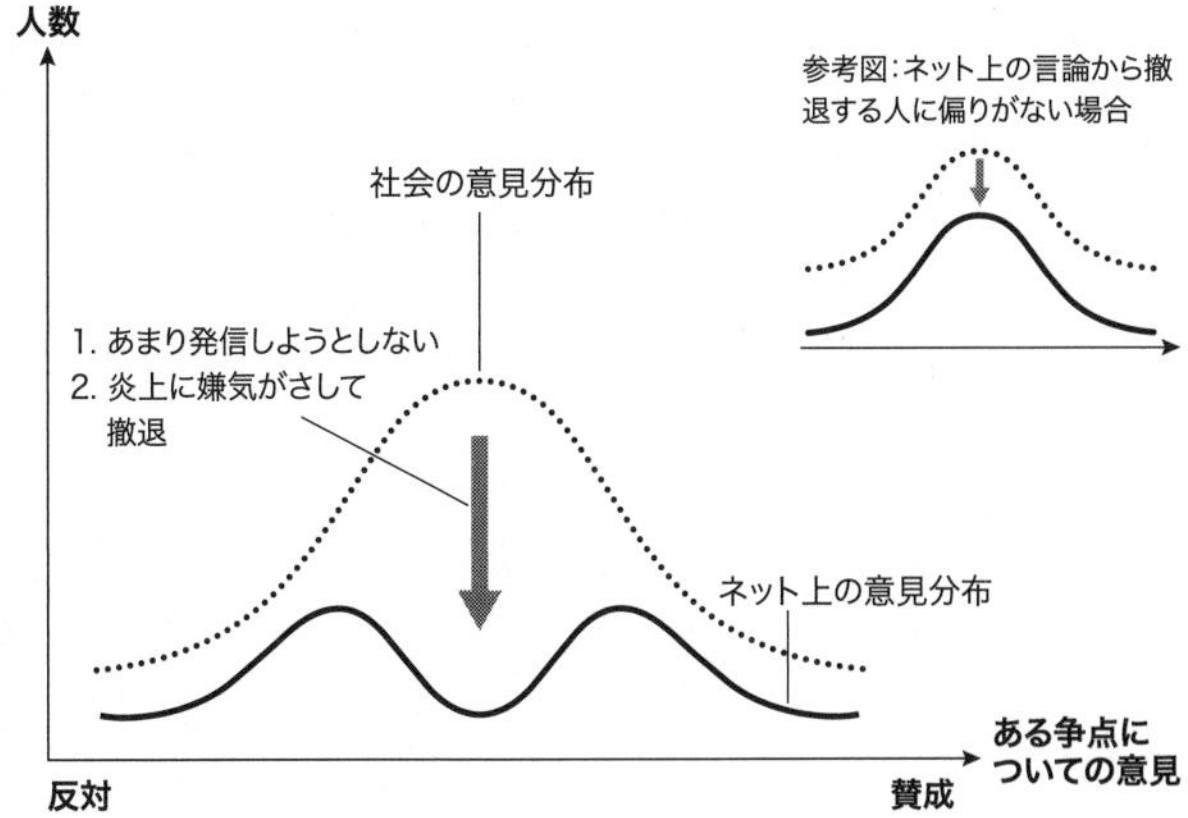

（出所）筆者作成

ティを占めるようになる。

　これを図にすると図2のようになる。この図で、横軸は意見の違いを表しており、左に行くほど反対・不支持であり、右に行くほど賛成・支持である。つまり、真ん中は中庸的な意見で、両端は極端な意見となっている。また、縦軸は人数を表している。

　一般的に、極端な意見の人より中庸の意見の人が多いので、社会における意見の分布は中央に集まる形になり、破線の分布がそれを表している。つまり、社会の意見分布はたいていの場合山型を形成する。

　しかし、ネットではこうならない。①「極端な人」ほど発信する。②中庸な人ほど「極端な人」を恐れネットで発信しない。という

２つの特徴から、ネットでは実線の谷型の意見分布となるのである。

この谷型の意見分布こそが、今我々がまさに目の当たりにしており、「ネットは怖いところだ」と思っている言論空間そのものなのである。

14％が46％の意見を作る

もっとも、これらの考察はあくまでも「理論」である。そこで、実際にこうしたことが起きているのかどうかを裏付けるため、調査を行うことにした。

私は20～60代の男女３０００名を対象としたアンケート調査を実施し、この現象の分析を行った。具体的には、ある１つの話題――ここでは憲法改正――に対する「意見」と、「その話題についてＳＮＳに書き込んだ回数」を聞き、分析したのだ。憲法改正は、長い間日本で大きな注目を集めているトピックである。

簡単にこのトピックについて説明すると、憲法が制定されてから70年以上経ち、国内外の環境が大きく変化する中で、今日の状況に対応するための改正が必要だという意見が出ている。特に２０２０年6月現在の政権（安倍晋三内閣）は、その方針を明確に打ち出している。

一方、それに反対する政治家や国民も多い。主に議論の争点となっているのが、「戦力の不保持」と「交戦権の否認」を規定している日本国憲法において、自衛隊を明記することと、集団的自衛権の行使を認めるかどうかという点である。

さて、まず、このような憲法改正について、「非常に賛成である」〜「絶対に反対である」の選択肢を用意し、回答者の意見分布を集める。選択肢には「どちらかといえば賛成である」なども用意し、7段階に細かく分け答えられるようにしている。これは、「聞かれたから答えている」という受動的な意見の発信であり、声を発さない人も含めた社会の意見分布といっていいだろう。

続けて、同じ回答者について、ツイッターやフェイスブックなどの、不特定多数に発信できるSNSに、それぞれの意見の持ち主が憲法改正という話題について投稿した回数を調査し、人数と掛け合わせることによってSNS上の意見分布も調査する。これはSNSで発信した回数なので、能動的な意見の発信だけで構成される。

この2つを描いたものが図3である。この図を見ると、驚くべきことが分かる。なんと、最も人数が少なかったはずの両極端な意見であるが、ネット上での投稿された総回数では1位、2位となっているのだ。

具体的に言うと、「非常に賛成である」「絶対に反対である」という人は社会には7％ずつ

図3　「憲法改正」に対する社会の意見分布とSNS上の投稿回数分布

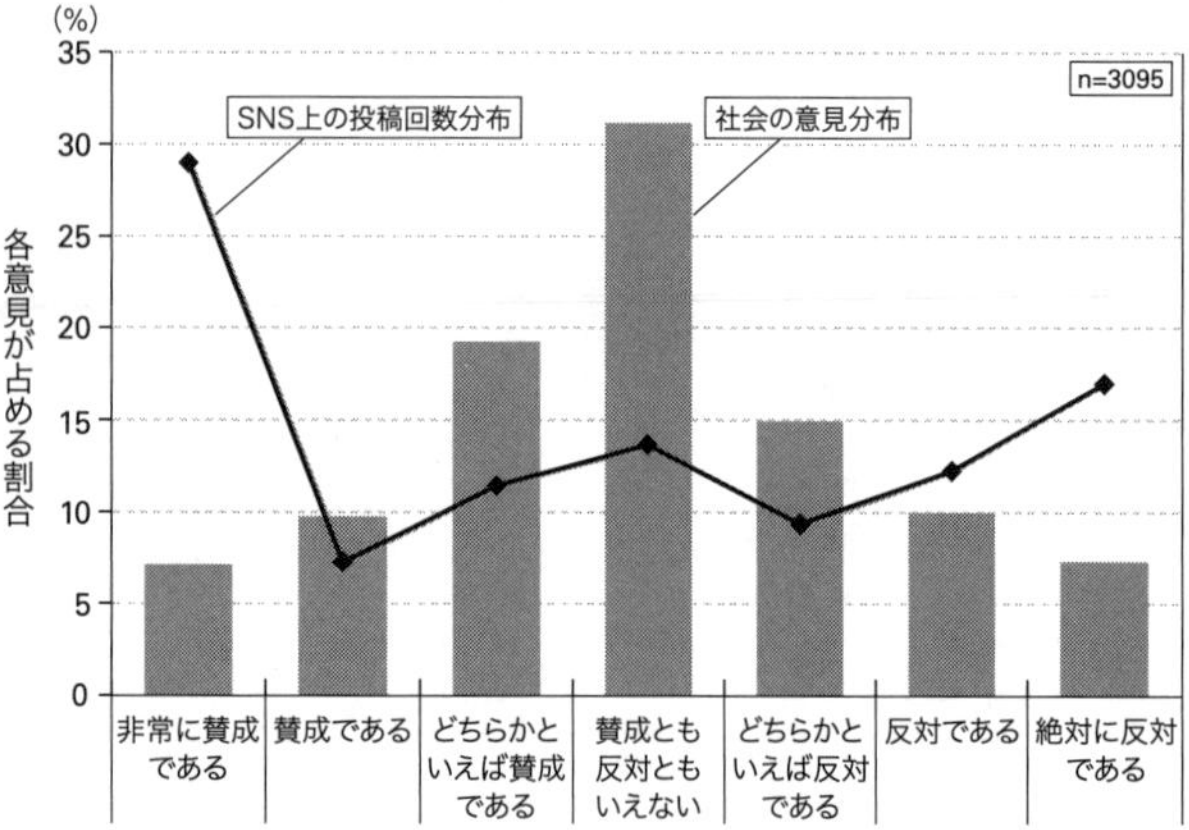

（出所）分析結果より筆者作成

しかいないのに対し、ネット上では29%と17%の意見を占める。合計すると46%と、約半分の意見を「少数の極端な人」が占めているのだ。まさに、社会の意見分布と異なる谷型の意見分布となってしまっている。

関心の高いテーマほど意見分布は歪む

私は、さらにこれを日韓米において調査することにした。ただし、三国に共通のトピックが必要だったため、話題は「外国人が（それぞれの国に）増えること」とした。

外国人が増えることについては、国際交流や労働力不足の補てんなど良い面を評価する意見もあれば、犯罪の増加や、それぞれの国の人の雇用を奪うなど、悪い面を心配する意

図4　「外国人が増えること」に対する社会の意見分布とSNS上の投稿回数分布

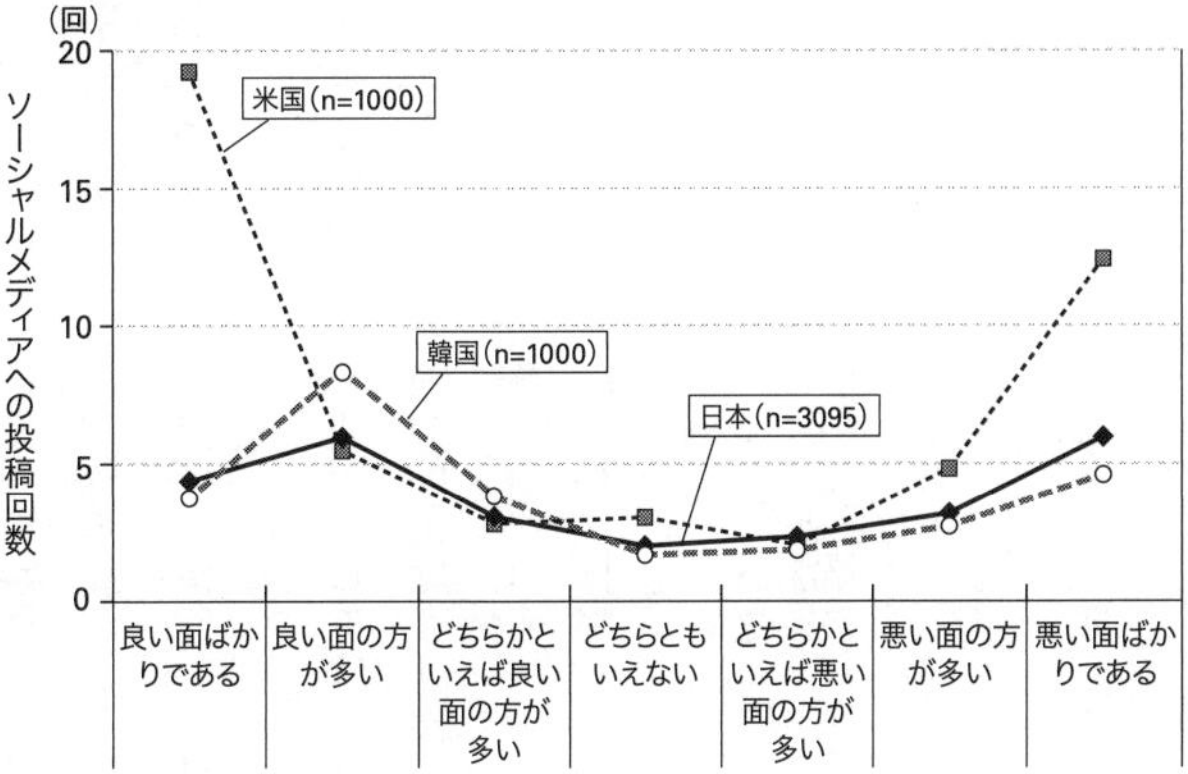

（出所）分析結果より筆者作成

見もあり、賛成と反対が分かれている状態だ。

これについて、「良い面ばかりである」〜「悪い面ばかりである」を、やはり7段階にして調査した。その回答結果について、今度は意見別のＳＮＳへの投稿回数の平均値を表したのが図４である。つまり、各意見を持っている人１人当たりの、平均的な投稿回数である。

図を見ると、おおむね強い意見になるほどＳＮＳへの投稿回数が増える傾向が見られる。もちろん、完全に谷型とは言い難いが、多くの場合「どちらともいえない」人の投稿回数は少なく、「良い面ばかりである」「悪い面ばかりである」といった人の投稿回数は多い。やはりここでも、極端な意見の持ち主ほどネット上で多く発信している現象が確認される。

そしてもう１つ、この図は重要なことを我々に教えてくれる。図を見ると、米国ではこの偏り（極端な人ほど発信する）が強い一方で、日本と韓国は相対的に偏りが小さいことが分かる。

このような違いが出る要因としては、トピックに対する人々の関心度が考えられる。国連のデータによると、米国の移民比率は約15・４％（５０６６万人）と高く、なおかつ移民国家であるという特徴から、米国国籍であっても多くの民族が共存しているのが米国の特徴である。その一方で、韓国の移民比率は２・３％と米国に比べてかなり低く、日本はさらに低い２・０％となっている。

偏りの傾向は、この国民の関心度順になっている。ＳＮＳへの投稿回数について統計学的な手法を使って定量分析をした結果、意見が１ポイント極端になる[2]にしたがって、米国ではＳＮＳへの投稿回数が79％増加するのに対し、韓国・日本では45％の増加であった。

この結果は、「関心の高いトピックほど社会の意見分布とＳＮＳ上の投稿数分布が大きく異なってしまう」ということを示唆している。そして、この示唆は、我々にネット言論の難しさを突き付けてくる。

例えば、先ほど例に挙げた木村花さんの事件については、もともと日本人は芸能ニュースに対して関心が高いうえに、「テラスハウス」という人気番組の話題であり、「極端で攻撃的な意見ばかり」が「大量に書き込まれる」条件が整っていたのである。ファンや応援している人、あるいは強く支持も不支持も考えていないような人が、社会には多くいたにもかかわらず、極端な批判・誹謗中傷がＳＮＳには多く書かれる結果となってしまった。

より一般的に、ネット炎上を考えても同様だ。ネット炎上のように批判・誹謗中傷が多く集まるようなトピックは、人々の関心が高い。そのため、極端な意見ばかりが表出するというネットの偏りがより一層強くなっており、ネットには極端で否定的な意見があふれるのである。

そしてそのような状況にあっては、よほど強い想いを持って支持していないと、支持の声を上げるだけで「極端な人」に攻撃されてしまい、やがて表現が萎縮してネットから撤退し

２　分析する際には、「良い面ばかりである」～「悪い面ばかりである」を７点～１点で換算した後、それぞれの国の平均値を引いて絶対値を「極端度」として計算した。例えば、平均が４点であった場合、「悪い面ばかりである」を選択した人は、１引く４でマイナス３、そして絶対値を取ると３となるため、極端度は３となる。

てしまうのである。

ＳＮＳは世論を反映しない

近年、ネットの意見というものが随分と社会の意見として取り上げられるようになってきた。ＳＮＳを見ている私たち自身はもちろん、テレビなどのマスメディアでも、「ネットではこのように言われています」と取り上げられるのは日常茶飯事だ。

しかし、このようなメカニズムを考えると、ネット上の意見を「世論」として取り上げることの危険性が見えてくる。

もちろん、ネット言論のすべてを否定するわけではない。私はむしろ人々が自由に意見を発信できる空間の存在は素晴らしいと思っているし、企業も消費者の生の声を聞く・利用することで、様々なマーケティング活動が可能になった。ネットで発信される人々の率直な意見やクチコミには、高い経済効果があることも分かっている。

以前、私がグーグルと共に約３万件のアンケート調査データを使って実証研究したところによると、クチコミにはなんと年間約１兆円以上の消費押し上げ効果があることが分かったのだ。

これは、1兆円の消費に関わっているということではなく、1兆円純粋に消費を押し上げているということである。例えば、今日の昼食はA店の1000円ランチにしようと思っていた人が、クチコミを見てB店の1000円ランチに変えた場合、消費額に変わりはない。これは、A店とB店で「顧客を奪い合う」タイプのクチコミ効果だといえる。

一方で、そもそも外食しようと思っていなかった人がクチコミを見ることでランチに出かけ、1500円のランチを食べた場合、あるいは、1000円ランチにしようと思っていた人が、クチコミを見て1500円のランチに変えたという場合、前者では1500円、後者では500円、市場全体の消費額そのものを押し上げるクチコミ効果があったといえる。このような、マーケットそのものを拡大する効果が、クチコミには1兆円以上もあったというわけだ。

しかし、このように高い経済効果を持ち、世論とまで言われるネット上の言論であるが、そこには偏った意見があることを忘れてはいけない。ネット上で見える意見分布は社会の意見分布と比べてかなり極端で歪んでおり、かつ、その歪み方はトピックによって異なる。そして、仮にネット上で極端な意見同士がぶつかりあっていても、それが社会の縮図であるとは限らないのである。

クチコミでも極端な意見が多い

実は、先ほど高い経済効果があると述べたクチコミにも、同様の偏りが存在する。私が以前アプリのクチコミ（レビュー）と、人々のネット通販におけるクチコミ投稿行動を分析したところによると、以下のことが分かった。

・クチコミは2、3、4点を付ける人が少なく、5点と1点が多い谷型の意見分布となっている。
・批判的な感情を抱いた人の方がクチコミを書く。

例えば、20〜60歳の男女約2万人を対象としたアンケート調査分析では、多くの製品・サービスのクチコミにおいて、批判的な感情を抱いた人の方がクチコミを書いていた。映画「美女と野獣」を例に挙げると、社会全体の評価と比べて、クチコミを書いている人の評価は0・47点も低かった。5点満点であることを考えるとこれは相当に大きい。評価が3点の映画と2・53点の映画では、見る人に与える印象が大きく異なるだろう。

実は、このような現象は、ネットが普及する前から社会心理学やマーケティングの分野では指摘されていた。1983年に当時ルイジアナ州立大学教授だったマーシャ・リチンズの研究によると、より大きな不満を持っている消費者ほど周囲にその不満を漏らし、報復的な行動を行うということが分かっている。

つまり、昔であればそれはリアルで一部の友人に対して伝えるクチコミに過ぎなかった。しかし今はそれが、不特定多数の人に伝えることが出来るネットのクチコミとなる。しかも、リアルで友人の好きなものを批判するのは不快感を示されるだろうが、ネットではそのクチコミを聞いて嫌がって遮る人はおらず、長文で、言いたいだけ言えるのである。

ネットにおける偏りは、ある意味昔からあった偏りを顕在化したものともいえるだろう。そしてこの「批判的な感情を抱いた方がネット上で発言する」という特性は、ネットに誹謗中傷があふれるさらなる要因にもなっている。

ネットは「極端な人」を生み出す装置？

さて、「極端な人」がネットに多い理由に戻ろう。

私は2番目に、ネット自身が「極端な人」を生み出すということを指摘した。先ほどはネットでは「極端な人」が元気になり、多くの発信をすることを説明したが、今度はネット自身が「極端な人」を生み出すという、ある種逆因果の話である。

その理由は、ネットには無数の情報、人、コミュニティがあり、誰もが皆、常にいろいろなものを取捨選択しているということにある。

あなたは、何かについてネットで調べたい時、どうするだろうか。おそらく多くの場合、グーグルなどの検索エンジンか、ツイッターなどのＳＮＳで検索をするのではないだろうか。この時あなたは、情報を取捨選択し、自分の見たい情報に効率よく辿り着いているといえる。

また、ネット上でどのようなコミュニティに属しているだろうか。どのようなフォロワーと交流しているだろうか。まさか、ネットにいる人全員と繋がることは出来ないだろう。そのため、所属するコミュニティやコミュニケーション相手も、やはり絞り込んで取捨選択しているのである。

このことについて、ハーバード大学ロースクールのキャス・サンスティーン氏を始め、多くの専門家が、「サイバーカスケード」や「エコーチェンバー」という言葉を用いて警告している。

サイバーカスケードとは、同じ思考や主義を持つ者同士を繋げやすいというインターネットの特徴から、極端な意見になりやすくなるというものである。また、エコーチェンバーとは、閉じたコミュニティの中で同意見ばかり飛び交う環境に身を置くと、意見が過激化・固定化されることを指す。

ネットにある多くのサービスや機能は、我々が無数にある情報や人を効率よく選択することを助けてくれる。しかし想像してみて欲しい。そのようにあらゆるものをフィルタリングできる状態に置いて、あなたはわざわざ「自分の見たくない情報」や「自分の嫌いな人」にアクセスしようとするだろうか。おそらく、よほど奇特な人でない限り、そのようなことを積極的にしようとは思わないだろう。

その結果、人々は自分と同じような意見を持つ人ばかりと交流したり、情報にアクセスしたりするようになる。あるトピックについて反対の意見を持っている人は、反対の意見を持っている人同士で交流したり、反対の意見が書かれたブログを読んだりするわけである。

そして、そのように同じ意見の人ばかりで話していると、集団極性化が起こるといわれている。集団極性化とは、ネット普及前から心理学の分野で立証されている現象であり、集団で討議した結果、討議前の各個人の意見よりも、より先鋭化した決定がなされることを指す。例えば、左翼の人々が討議した場合はより一層左翼的に、右翼の人々が討議した場合はより一層右翼的になる現象である。

「自分の好きな情報だけに接する」はそこかしこで起きている

この現象は、おそらくあなたが思っている以上に世界中で起こっている。例えば、現在フェイスブックのデータサイエンティストチームにいるラダ・アダミック氏らが、2004年の米国大統領選挙の間の投稿を収集し分析した結果、リベラルなブログと保守的なブログには溝があり、特に保守的なブログは互いに繋がりが強く、投稿が頻繁に行われていることが分かっている。

また、南カリフォルニア大学ポスドクのアレッサンドロ・ベッシ氏らがフェイスブックとユーチューブのコンテンツデータを分析した研究では、科学的コンテンツを好む人は科学的コンテンツばかりを、陰謀論的コンテンツを好む人は陰謀論的コンテンツばかりを閲覧し、二極化したコミュニティが出現していてこの2つのコミュニティが全く交わっていないことが示された。

このようなコミュニティの分断化はいたるところで見られている。最近だと、ブラジルのヴィソーザ連邦大学准教授のシルビオ・C・フェレイラ氏らの研究では、ブラジルの前大統領弾劾について、ツイッター上では賛成派と反対派が完全に各々のコミュニティを構築しており、反対意見の人同士でのやり取りはほとんど存在しなかったことが明らかになっている。

そして、１４９２人のツイッターユーザが投稿した５９１８件のツイートのデータを用いて分析したところ、ツイッターには政治的偏りをもたらす効果があることも明らかになった。研究では、ネットには多様な意見があり、それらの意見の交わりによるより広い議論や学習に繋がる効果も一部見られたものの、その力よりもエコーチェンバーにより二極化されたコミュニティで意見が強まっていく効果の方がはるかに大きかったらしい。

また、米国のピュー・リサーチ・センターの長期間調査によると、１９９４年に比べ、20年後の２０１４年には、リベラル対保守の政治傾向が両陣営とも強まっており、政治的分断が広がっているようである。また、同じように米国で「自分の子供が反対党派の子供と結婚することに対してどう思うか」を調査したところ、いやだと答えた人は１９６０年代にはわずか５％であった。しかし、これが２０１０年には約40％に達していたのである。

このような研究結果を挙げ始めたら枚挙に暇《いとま》がない状態であり、あらゆる科学的な研究が、ネットでは同じ意見の人同士が集まり、その中で交流することで意見が極端化していく現象を証明している。

ネットの技術が極性化を加速させる

このようなフィルタリング——選択的接触——は、我々の手によるものだけではない。なんと、ネットサービスで使われている技術そのものが、我々に選択的接触を勧めてくるのである。

あなたは、グーグルでの検索結果が一人一人異なることをご存じだろうか。あるいは、フェイスブックで流れてくるニュースや広告が、あなたならではのものとなっており、たとえフォローしている人が同じだったとしても、他人とまるで異なっていることをご存じだろうか。

このような現象は、多くのウェブサービスで見られる。サービス側はあなたの交流データやウェブサイト閲覧履歴データを収集しており、そのビッグデータを使って「あなたの見たい情報」が優先的にあなたの目に留まるように配信している。そのため、今あなたが見ているウェブの世界というのは、あなたに最適化されるようにサービス事業者がカスタマイズして表示している世界なのだ。

例えば、あなたがノートパソコンを欲しいと思ってノートパソコンを検索したら、フェイスブック上の広告がノートパソコン一色になったということはないだろうか。あるいは、アマゾンで電化製品を買ったら、似たような電化製品が何度もメールでお勧めされるようになったかもしれない。これらは、あなたのウェブ上のデータを分析して、サービス事業者があなたの欲しいものを配信しているのである。

このような商品のレコメンドや広告は可愛いものだが、政治的な話題についても、入力した政治信条や、その人のこれまで閲覧したニュースなど、様々なデータを分析し、アルゴリズムによって自動でその人に合ったニュースコンテンツなどを配信している。

このように、アルゴリズムによって見たい情報ばかりにアクセスするようになることを、フィルターバブルという。

こう書くと、ツイッターやフェイスブックなどのサービス事業者だけに問題がありそうだ。しかし、彼らがこのような戦略をとるのは、あくまでユーザである我々自身の反応が圧倒的に良くなるためである。事業者は、あくまでビジネス戦略として、より多くの人が関心を持つコンテンツ・広告を配信したいだけだ。

結局人間は、自分の見たいものを見ている方が楽しいのである。ネットのフィルタリングはそれを可能にしたというわけだ。

話題になった「ネットは社会を分断しない」

一方、このようなネットが人々を極端化するという言説に、反対の立場をとっている研究もあるので紹介したい。慶應義塾大学教授の田中辰雄氏らは、『ネットは社会を分断しない』というセンセーショナルなタイトルの本で、何と10万人を対象とした大規模なデータ分析を行っている。

研究で明らかになったのは、主に次の2点である。

・そもそもネットを多く使っているはずの若い人より、中高年以上の方が政治的に極端である。
・SNSの利用は極端化を進めるばかりか、むしろ若い人を穏健化する効果があった。

これはこれまでの研究成果とは異なる結果であるが、既にその理由も検証されている。それは、ツイッターユーザは、自分と異なる考え方を持っている政治家やオピニオンリーダーを、なんと32〜47％もフォローしているというのだ。つまり、エコーチェンバーは起こっていないというわけである。

こういうと「どうせ批判するためにフォローしてる」と思うかもしれないが、たとえそうだとしても、そもそも現実社会であっても32〜47％もの自分と反対の意見を持つ人と交流する例は稀だろう。とすればやはりこれは驚くべき数字である。この研究には反論も出ているものの、5万人規模の追跡調査をしているような研究は他に類を見ず、この結果はかなり興味深い。

ただし、ネットニュースは人を極端化しているという結果も同時に出ていた。そのため、SNSの利用で極端化はしていないかもしれないが、ネットニュースを長く見ていると極端化しやすいといえる。これは、ネットには極端なニュースから穏健で論理的なニュースまで幅広く存在しており、選択的接触の中で自分の見たいニュースばかりにアクセスするためと考えられる。

SNSでは自分と反対意見の人をフォローしていることで、ある種「別の視点」に触れる機会があるとしても、ネットニュースではそういうことも起きないというわけだ。

非対面だと攻撃してしまう

「極端な人」がネットに多い理由の3番目は、非対面コミュニケーションだと、対面コミュニケーションよりも攻撃的な物言いをしやすい、ということだ。

非対面コミュニケーションで攻撃的な物言いとなることについて、世界の研究では、「コンピュータによって媒介された非対面のコミュニケーション（Computer Mediated Communication：CMC）における、敵対的で攻撃的な相互行為」として、フレーミング（flaming）という名称で研究されている。このフレーミングという言葉はフレイム（炎＝flame）から来ているわけだが、日本では近い現象を炎上といい、海外では炎というのは大変興味深い。

それはさておき、世界中の心理学やコミュニケーションに関する多くの研究が、非対面コミュニケーションの時に罵倒や侮蔑、悪意を含む言動が多く発生することを示している。さらに、ネットにおけるコミュニケーションでは、対面コミュニケーションはおろか、ビデオ会議よりも一層攻撃的なメッセージが書かれやすくなっているらしい。

その要因は、主に3つ指摘されている。

①オンラインのコミュニケーションでは、身振り手振りや表情といった非言語情報のフィードバックがなく、相手も同じ人間であるという認識が薄れる。
②情報量が少なくなる結果として主観の入った過度な解釈が行われやすい。
③匿名性の高さが責任感を希薄にし、相手への顧慮よりも自己中心的な考え方になってしまう。

ただし、3点目の匿名性については、従来の研究では有力な要因として考えられていたが、近年その影響は限定的なのではないかという指摘もされている。

例えば、甲南女子大学助教の時岡良太氏らのラインを対象とした研究でも、攻撃性の増加が確認されている。ラインは既知の友人とのやり取りが主であり、ほとんどの場合で匿名性はないと考えられるのに、である。また、詳細は後述するが、韓国でインターネット実名制を導入した際には、攻撃的な書き込み数の割合はほとんど変わらなかった。

「匿名性が悪」というのは真っ先に思いつく要因であり、マスメディアでも繰り返しそのように報じられている。しかし実際には、安易にそのように結論付けることは出来ないのである。

非対面での攻撃性は人間の本性かもしれない

非対面だと相手への配慮をなくし、自分の言いたいメッセージをそのまま言ってしまうというのは、実際に誹謗中傷を書き込んでいる人の発言からも分かっている。NHKが先述の木村花さんの事件において、批判・誹謗中傷を書き込んだ男性にインタビューしたところ、「傷つく傷つかないは関係なく とりあえず自分の思いを言いたかった」「自分の意見をとにかく言いたかっただけ」という風に話した。

また、他の人は、「『早く出ていって欲しいな』とか『うぜえな』と書いている人はほかにもいたので、それに自分も同調するような感じで、『誰かと話したい』みたいな気持ち」とも述べていた。

これらはまさに、相手のことを同じ人間と考えておらず、自分の言いたいことだけ言っている状態だ。相手がそれでどう感じるかは二の次である。

しかし考えてみれば、これは「極端な人」の本性を映し出しているのかもしれない。ネットを介したコミュニケーションになったからといって、誰もが誹謗中傷を書き込むわけではない。そもそも、人格否定などの誹謗中傷を、非対面コミュニケーションだからといってわざわざやる必要はないのだ。

心理学で用いられるカップルのあるある話として、こんなものがある。自分をとても大切にしてくれる人と付き合っているが、一方で、飲食店の店員などに対しては非常に横柄な態度をとる人がいたとする。そういう場合は、結婚して長く一緒に住むうちに、その店員への態度と同じ態度を自分にとるようになるので結婚はするなという話だ。

これはつまり、今は特別な存在である自分に対して優しくしているが、その人の本性は、自分が客として優位に立った時に横柄な態度をとるというものなのである。そして、結婚し、長く一緒にいるようになって自分が特別な存在でなくなった時、その態度は自分に向けられるということだ。まさにそれが、その人の本性だというわけである。

この人の中では、客である自分は上であり、店員は下ということになっている。そして、そのように相手を同ランクの人間と考えていない時の態度というのは、まさに、ネットでの非対面コミュニケーションにおいて相手にとる時の態度と同じだろう。

友人・恋人・家族――いろんな人に対して、その人が大切な場合には普通の態度をとる、でもそうじゃない人には高圧的な人というのは、あなたも今まで生きてきて一度は見かけたことがあるのではないだろうか。そういう「極端な人」が、ネットでは本性を現しているといえる。

攻撃的な意見は広まりやすい

「極端な人」がネットに多い4つの理由として挙げた中で、最後の理由は、攻撃的で極端な意見ほど拡散されるというものである。

人はとかく極端な意見や攻撃的な意見が好きらしい。リオデジャネイロ州立大学教授のマーロン・ラモス氏らの研究によると、世論が極端化していく過程においては、極端な意見を持つ人々の意見がまず多く広がっていき、全体的に意見が二分されていく構造が明らかになっている。

また、中国の北京航空航天大学の研究チームが、中国のツイッターとも言われるウェイボーを分析したところによると、「怒り」の感情を伴う投稿がSNS上で最も拡散しやすいことが分かった。次点で「楽しい」感情のメッセージであったが、拡散のしやすさという点では、怒りに大きな差をつけられていた。また、「悲しみ」や「嫌悪」については、広まりやすい傾向は見られなかった。

さらに、フォロワー（SNSで繋がっている人数）が多い人ほど、ユーザ同士の感情の伝播の度合いが強いということが分かったのである。

このような結果は東京大学准教授の鳥海不二夫氏が、新型コロナウイルスに関する1億2000万件のツイートを分析した結果からも明らかになっている。投稿内容の感情を10種類に分けて分析したところ、怒りの感情が最も拡散しやすい一方で、安心や好きといったポジティブな感情は拡散しにくかった。しかも、特に感染者を攻撃する書き込みは拡散スピードが速かったのだ。

つまり、誰かに対して怒りをぶつけているような投稿は拡散されやすく、かつ、インフルエンサーとも言えるような多くのフォロワーを抱えている人の場合は、そのような投稿をより一層拡散しやすいというSNSの特徴が見えてくる。

加えて、投稿回数の偏りとあわせて考えると、「極端な人」はネット上で多くの怒りを伴った攻撃的な投稿をする。それを止める人は現実社会と異なりいないため、攻撃的な投稿ほどより多くされる。そのうえ、そのような投稿は拡散もされやすく、瞬く間に人々の間に広まっていくというメカニズムが見えてくる。

我々がネットを見ていて「攻撃的な人が多いな」と思う背景には、「攻撃的な投稿ほど多く投稿される」「さらに拡散もされやすい」という、SNSが可能にした「発信」「拡散」という２つの画期的な要素の両方が関わっていたのである。

フェイクニュースは真実より拡散される

昨今世界中でネットの問題として取り上げられていることの１つに、フェイクニュースがある。フェイクニュースとは、簡潔にいえば虚偽の情報・ニュースのことである。２０１６年の米国大統領選挙以降特に注目されており、ニューヨーク大学准教授のハント・アルコット氏らの研究では、選挙期間中にトランプ氏に有利なフェイクニュースは３０００万回、クリントン氏に有利なフェイクニュースは８００万回もシェア（拡散）されたらしい。

先ほどの「怒り」の感情ほど拡散されるという特徴は、実はこのようなフェイクニュースやデマを社会に広めることにも繋がっている。

フェイクニュースには、米国民主党の大統領候補であったクリントン氏が児童買春に携わっていたなど、センセーショナルで人々の怒りを煽るようなものが多い。実際、中国の北京航空航天大学の最新の研究によると、広く流通していたフェイクニュースで「怒り」の感情を伴ったものは、真実のニュースの３倍にも及んでいた。

そして、このような怒りを伴ったフェイクニュースは、先ほどの「怒りは拡散されやすい」という性質から、人々の間で非常に伝達されやすい。実際、サイエンス誌に掲載されたＭＩＴ助教のソローシュ・ボスギ氏らの論文では、「フェイクニュースの方が拡散スピードが速く、また、拡散範囲が広い」ということが示されている。

当該論文では10万件以上のツイートを分析しており、その結果、真実が１５００人にリーチするにはフェイクニュースより約６倍の時間がかかることや、フェイクニュースの方が70%も高い確率で拡散されやすいことなどが明らかになっている。

加えて、私がグーグルと共にフェイクニュースの拡散メカニズムを研究したところによると、政治的に極端な意見を持っている人ほどフェイクニュースを信じて拡散してしまう傾向も見られた。このようにフェイクニュースを流すということにおいても、「極端な人」の存在が見えてくる。

つまり、フェイクニュースを流す人というのは、人々の「怒り」の感情に訴えかけるような設計にし、それによって拡散を狙う。あるいは、故意のデマでないにしても、怒りの感情を伴っていると拡散されやすいため、結局人々の目に留まりやすくなる。フェイクニュースは虚偽のものなので、真実よりもよほどセンセーショナルに、怒りの感情を伴った内容にしやすい。

それに敏感に反応するのが「極端な人」たちだ。彼らは自分と考えの異なる主義主張に対して、強い怒りの感情を抱く。そのため、流れてきたその怒りを煽るフェイクニュースを、「極端な人」たちがまた怒りをもとに拡散する……。そのようにして、フェイクニュースはどんどん社会に広がっていくのである。

第2章　ネットだけでない「極端な人」

ネットの誹謗中傷の陰にマスメディアがある

　ネットで誹謗中傷が起こると、すぐにマスメディアでは「ネットが悪い」「匿名は害悪」「ネットでの誹謗中傷対策をしなければいけない」「ネットを規制すべき」などと報じられる。実際、私がメディアに出演していても、そのような論調に持っていきたいという圧力を感じることがある。

　確かに、これまで見てきたように、ネットの持つ根源的な特徴が、ネット上に誹謗中傷や極端な意見を蔓延させてしまっているのは事実である。

　しかし、実は多くの場合、ネット炎上などの多くの誹謗中傷や批判が集まる事例では、その背後にマスメディアがあるということを忘れてはいけない。

　例えば、２０２０年5月にプロレスラーの木村花さんが亡くなった悲しい事件の概要については、先に触れたとおりである。しかしそもそも、批判・誹謗中傷が一日に数百件もつくようになった原因は、テラスハウスという人気リアリティー番組だ。

　テラスハウスは、ネットフリックスというＳＮＳではない動画配信サービスで放映されていたものであり、かつ、制作陣にはマスメディアであるフジテレビが入っていた。

木村さんのツイッターについた返信数の推移を見ると、批判される原因となった回がネットフリックスで配信された直後に急増している。いつもは誹謗中傷などほとんどついていなかったのに、その時には7割ほどが批判・誹謗中傷であった。

当該番組では、いつしかリアリティー番組で人気を得るために、視聴者の批判を煽ることが常習化してしまっていた。放送される出演者の生活の中では、視聴者の怒りを掻き立てたり、議論されたりしそうなやり取りがしばしばされるようになり、スタジオでコメントする芸能人も批判を煽るようなコメントをしていた。まさに「炎上商法」といえるだろう。

これは企業の利潤最大化という観点からは、非常に合理的な戦略である。なぜならば、散々述べてきたように、人々は「批判」や「怒り」が大好物だ。そのために、批判を煽られると、ついついのめりこんでしまう。

さらにこのＳＮＳ社会においては、そのようなコンテンツは拡散されやすく、感情をのせることでより多くの人の目に届けることが出来るようになる。視聴率やＰＶ（ページビュー数）を高めて広告料を稼ぐというビジネスモデルをメディアがとっている以上、このような戦略になるのは経済的な合理性があるのだ。

メディアのビジネスモデルの罪

しかしそのＳＮＳ社会だからこそより稼げるようになるビジネスモデルは、皮肉にもＳＮＳ社会だからこそ悲しい犠牲者を生むということを忘れてはいけない。

昔であれば、メディアでそのように批判を煽っても、その批判や誹謗中傷は、せいぜい自分の周りの家族や友人に言うくらいであった。しかし今のＳＮＳ社会では、それを「直接本人に対して」書けてしまうのである。

しかもＳＮＳには、持続性と可視性という２つの特徴がある。持続性とは、ネットに書き込んだ内容は本人が消そうとしない限りいつまでも残り続けるという性質だ。そして可視性とは、書き込んだ内容が他の誰でも閲覧できるということである。

このような特性により、木村さんに対して書き込まれた批判や誹謗中傷は、誰にでも見える形で残ることとなった。そうすると今度は、「この人は叩かれているのだから、自分も叩いていい」というように、どんどん便乗的な批判者を集めることにも繋がってしまう。もちろん、自分を否定するような書き込みが、誰にでも見える形で書かれていることは本人の負担も倍増させる。

視聴者の負の感情を煽って視聴率を稼いだり部数を伸ばしたりすることは、メディアが昔からやってきたことだ。それがＳＮＳ社会ではさらに話題になり、効果的に利益を生み出すことも分かる。

しかし、このように時代が変わり、人々が自由に誰かを攻撃できるようになってしまったからこそ、批判を煽るビジネスモデルを変革しなければいけない時期に来ているのではないか。

ネットが爆発的に普及していく中で、既存のメディアはどんどん危ない立場になっていっている。だからこそ、豊富なスタッフ・記者を抱えている強みを活かし、視聴者・読者の批判的感情を煽るのではなく、本当に面白いコンテンツや多角的な視点で論じられたニュースコンテンツ――つまり、質の高い情報の発信――という原点に立ち返るのがいいのではないだろうか。

批判を煽ることで短期的に稼ぎ、いざ事件が起こればネットのせいにするのではなく、中長期的な目線でネットに出来ない取り組みを行っていくことが、ひいてはビジネスの継続に繋がると私は考えている。

ネット炎上、最も拡散しているのはテレビ

木村さんの事件では番組が誹謗中傷に影響を与えたということで分かりやすかったが、このようにネット炎上の背景にメディアがあることは何も特別なことではない。

炎上のメカニズムを簡単に述べるとこうだ。まず、企業や人が行った行為や発言について、それを不快に思う人が批判的に拡散を行う。ここでいう行為や発言は、ネット上のものに限らず、テレビでの発言や企業の不正行為など、多岐にわたる。火種が投下された状態といえるだろう。

次に、リツイートなどにより情報が徐々にいきわたっていくと、批判的なことを非常に多く書き込む一部の「極端な人」の目に留まる。そうすると書き込み数は増加し、批判が集中——炎上が始まる。さらにそれがＳＮＳで拡散されていき、いよいよ本格的に炎上ということになる。

先ほども述べたように、怒りの感情を伴った投稿は、フォロワー数の多い人であるほど拡散してしまいがちである。そして、フォロワー数１万人を抱える人が１回リツイートボタンを押して情報を拡散するだけで１万人に伝わり、そこからさらに拡散が繰り返されていくのだ。

しかし実は、ここまで見てきたようなＳＮＳ上の炎上拡散では、企業などに大きな影響が出ることは少ない。どんなにリツイートされてもそれを閲覧する人は限られているのだ。では、大きな影響が出始めるのがどこからかというと、ネットメディアやまとめサイトで取り上げられてからである。ネットメディアとは、マスメディアの報道や独自取材をもとにしたオンライン上のメディアである。まとめサイトとは2ちゃんねる（現5ちゃんねる）やツイッターの投稿をまとめたサイト、あるいは「ＮＡＶＥＲまとめ」のようなキュレーションメディア[3]を指す。

いずれも中には月間ＰＶ数が１億を超えるものもあり、閲覧者は多い。このようなサイトの運営者は、ＰＶ数を稼ぐことで広告収入を得ているため、過激なタイトルをつけたり、偏った見方で何かを叩く記事を書いたりすることも多い。

しかしながら、最も炎上を巨大に、深刻なものにするのは、ネットメディアでもなければ

3　インターネット上に存在する膨大な情報の中から、あるテーマにそって、人（キュレーター）の手によって、情報を取捨選択し、まとめて提示することを目的としたウェブサービスのこと。ただし、「ＮＡＶＥＲまとめ」は２０２０年9月30日にサービス終了予定である。

まとめサイトでもない。実は、テレビなどのマスメディアなのである。

ここに興味深い研究結果がある。帝京大学准教授の吉野ヒロ子氏による炎上認知経路に関する分析の結果、炎上を知る経路として最も多かったのはテレビのバラエティ番組（58・8％）だったのだ。一方、ツイッターは23・2％に留まっている。

つまり、炎上とはネット上の現象であるにもかかわらず、実際にはマスメディアが最も広く拡散させて「極端な人」に情報を届けているということがいえる。さらに、マスメディアは、炎上したことを取り上げてより厳しく追及する役割も果たしている。

ネット発信のバッシングに乗り厳しく追及するマスメディア

ネット発信のバッシングに乗っかり、炎上被害者を厳しく追及する例が多く、批判の仕方が短絡的な場合も多い。先述した新型コロナウイルス感染者（山梨県女性）の例もそうだが、他にも例を挙げ始めたら枚挙に暇がない。

例えば、２０１３年には炎上した岩手県議が亡くなる事件も起きている。これは、岩手県議だった小泉みつお氏が、病院で名前ではなく番号で呼ばれたことに腹を立て、ブログに「ここは刑務所か！。名前で呼べよ。なんだ２４１番とは！と受付嬢に食って掛かりました。」「会計をすっぽかして帰ったものの、まだ腹の虫が収まりません。」「早速公衆電話に向い、『小泉という者ですが、病院内の職員対応にクレームがあるので、事務長に繋いで下さい。』」などと書いたところ、非常識だとして炎上した事例である。

おそらく病院側は個人情報の取り扱いにセンシティブになっていて番号で呼んだのだろう。それに対して会計をすっぽかした挙句、その後クレームをつけたというのは褒められた行為ではない。

しかしこの事件は、単純に「ネットで批判や誹謗中傷が相次いだ」というような事件ではない。なんと、新聞やテレビがこぞって取り上げ、謝罪会見は生中継までされたのである。

マスメディアの情報発信能力はネットの比ではない。この事件では「ネット炎上を苦に亡くなった」という書かれ方がされることが多いが、マスメディアで報じられたことが過剰な心理的負担を生み出したことは容易に想像できる。

ネットで炎上したことをマスメディアが報じる。そしてマスメディアで報じられたことをきっかけにまたネットで批判や誹謗中傷が書かれる。このような共振現象によって、誹謗中傷はネットにあふれ、不寛容な言論空間が生み出されていくのである。

非実在型炎上の罪

マスメディアがネット上で起こる炎上に対して与える影響はこれだけではない。東京大学准教授の鳥海不二夫氏は、マスメディアが炎上を作り上げてしまう「非実在型炎上」に警鐘を鳴らす。

例えば、新型コロナウイルスの不安真っ只中の2020年4月7日、「#東京脱出」というハッシュタグが拡散されていると、以下のように朝日新聞で報じられた。

ツイッターでは「東京脱出」というハッシュタグ(検索ワード)が拡散されている。だが、ウイルスを地方に運び、そこで広げてしまえば、新たなクラスター(感染者集団)を生んでしまうおそれも否定できない。専門家は注意を呼びかけている。

当時は東京都で感染者が急増している時期で、緊急事態宣言が出されて外出が難しくなる東京を離れ、地方に脱出しようとする人がこのようなハッシュタグを拡散しているというわけだ。

記事内では、女子学生が東京から静岡に帰省した結果、家族に感染させてしまった事例などを紹介している。そのうえで、感染者が多く報告される首都圏からの移動によって地方でもクラスターが発生してしまう危険性があるとし、そのような動きに対して注意を呼びかけている。

なるほど、確かにそのようなハッシュタグを拡散し、緊急事態宣言下の東京から脱出して地方で自由を謳歌しようなどと呼びかけていたら、問題行為といえるだろう。

しかし、鳥海氏のツイッター分析結果は、この「東京脱出」の意外な真実を浮き彫りにした。何と、そのようなハッシュタグは、4月7日7時に記事が配信され、それが朝日新聞の公式ツイッターアカウントで通知されるまで、たった28件しか投稿・拡散されていなかったのである。その一方で、記事配信以降たった1日で、なんと1万5000件以上の投稿・拡散があったのだ。

1日で1万5000件以上というのは驚異的な数字である。これはあくまで投稿されている数なので、それを見ている人はもっと多いだろう。私自身、SNS上で「こんなハッシュタグが流行っているらしい」と話題にしている人を多く見た。

「『東京脱出』というハッシュタグ（検索ワード）が拡散されている」と報じられていたが、それは誰がどのように拡散していたのだろうか。確かに、たった28件でも拡散されているというのは嘘ではない。また、記事の注意喚起は確かに重要な視点である。しかし、ツイッターで多く拡散されていて、そういった考えの人が多く存在するというイメージを抱かせるのは、果たして報道の在り方として正しいのだろうか。

その後、県外からの来訪に反対する動きが強まり、県外から来訪している人の自動車に対して煽ったり落書きしたりといった悪質な迷惑行為を行う「県外ナンバー狩り」というものが話題になった。県外ナンバーの車を積極的に通報するような動きもあったらしい。

タイミングなどを考えれば、この「東京脱出」記事と、その後の類似記事をもとにした「東京脱出」という話題の拡散が、このような行為に影響を与えていた可能性も否定できない。

サザエさんに「極端な人」が攻撃しているという幻想

このような「作り上げられた炎上」の例はほかにもある。国民的アニメであるサザエさんの事例を見てみよう。

２０２０年４月26日のサザエさん放送において、磯野家がＧＷにレジャーに行く計画を立てたり、動物園を訪れたりしたという内容が流れた。これに対し、「コロナで自粛の中、Ｇ

Ｗに出掛ける話なんてサザエさん不謹慎過ぎ！」などの批判が付き、炎上したと報じられた。

しかし、この件を最初に「デイリースポーツ」が報じて以降、むしろ前記のような批判に対する批判の投稿が相次いだ。「フィクションまで自粛しろというのか」「こんなことを本気で言っているならヤバい」「世の中息苦しい」などの声が多く投稿されたのである。

さらに著名人にもこうした批判に対して苦言を呈する人が現れ、それが拡散、多くのネットメディア・まとめブログが記事として取り上げるに至った。

確かに、アニメの登場人物がＧＷ中に外出しようとしただけで「不謹慎」と指摘されるのは、非常に窮屈だと感じられる。これまでも何度か触れている、いわゆる「不謹慎狩り」のようだ。

しかし、これも鳥海氏がツイートを分析した結果、なんと、サザエさんが放送されてから最初にメディアで取り上げられるまでの数時間で、「不謹慎だ」と言って批判していた人は「たった11人」しかいなかったらしい。事実、その後のツイートを私が確認しても、「不謹慎狩り」を批判する内容は大量に投稿されていたが、サザエさん自体を不謹慎な内容だと批判する投稿は、ほとんど皆無であった。

たった11人の批判で炎上が発生し、さらにその炎上に対する批判がこれほど盛り上がると

図5　「サザエ　不謹慎」のツイート数推移（最大値を100とした指標）

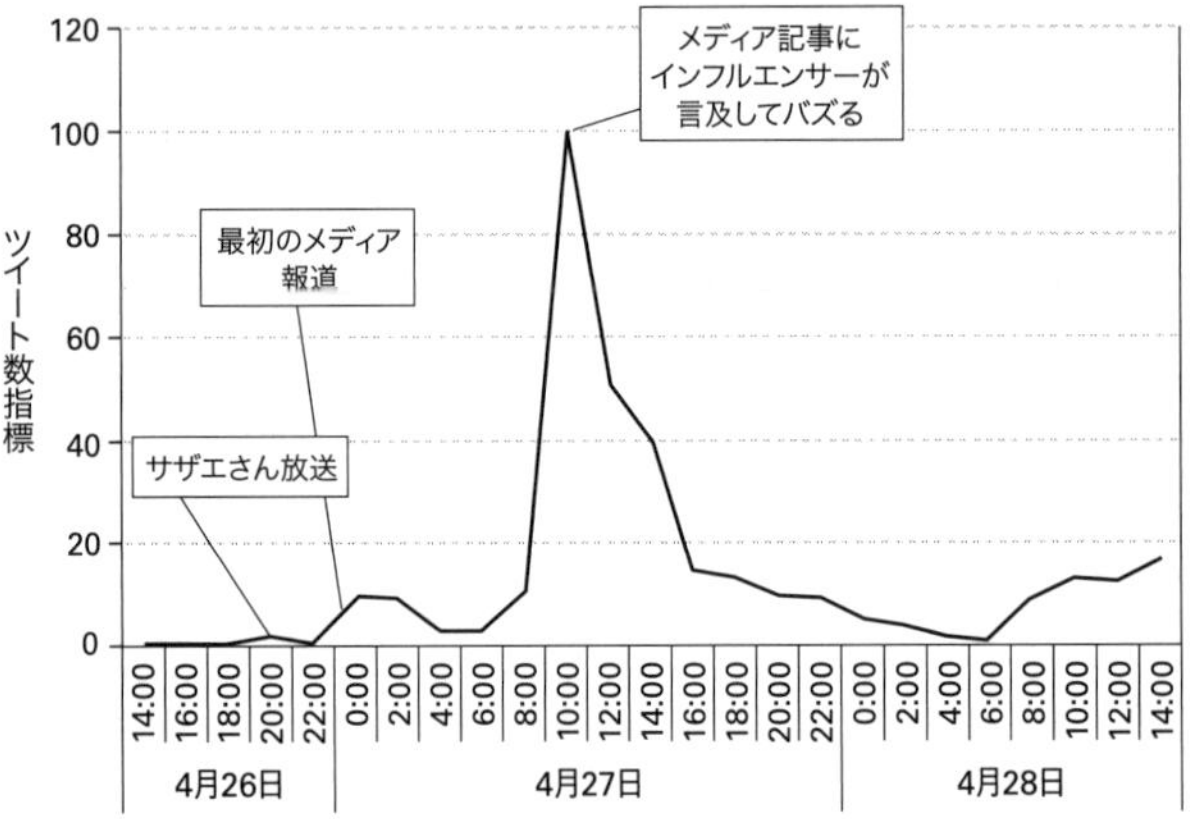

（出所）ヤフー！リアルタイム検索のデータより筆者作成

いうのは、不可解な話だ。しかし現実にツイート数が急増していたことは、ヤフー!リアルタイム検索で見たツイート数推移からも明らかである（図5）。

　これを見ると、『サザエさん』放送時にはほとんど投稿されていなかった「サザエ　不謹慎」を含むツイートが、最初にメディアで報道されてから急増し、さらにその後インフルエンサーがそれらの記事に言及したことで、瞬く間に広まっていったことが分かる。

「極端な人」が近年ネットで大きな力をふるうようになったのは事実だ。しかし、このように時としてメディアが作り上げたような、幻想の「極端な人」による騒動も存在するのである。

新型コロナウイルスが極端な社会を加速させる

　ここまで、新型コロナウイルス関連でマスメディアが作り上げた炎上や、拡大された被害などを見てきたが、昨今社会をにぎわしている新型コロナウイルスは、「極端な人」を活発にさせているという事実もある。デジタル・クライシス総合研究所の調査によると、2020年4月の炎上件数は、前年同月比でなんと3・4倍にも達した。

「自粛警察」という言葉を聞いたことのある人も多いだろう。自粛警察とは、緊急事態宣言の下で外出や営業の自粛要請に応じない個人や企業に対し、通報する・中傷ビラを貼る・電話をする・ネットで攻撃するなどで、私的に取り締まりを行う人たちのことだ。

　商店街の組合に対し、「商店街すべてをなんで閉めさせないんだ、すぐに閉めさせろ。何考えてんだバカヤロー」と電話をかける事例、営業自粛しているにもかかわらず「コドモアツメルナ　オミセシメロ　マスクノムダ」と赤字で書かれた紙を貼られた駄菓子屋、営業再開が報じられた動物園に対して「『営業を再開したらどうなるかわかっているのか』『殺すぞ』」と電話する事例――自粛警察による多くの過剰な「取り締まり」が報告されている。

　もちろんこのような行動はネット上でも見られる。感染者やクラスターの発生した店舗に対して誹謗中傷が書かれるのは日常茶飯事であるし、営業再開の報に対して批判や誹謗中傷が付くこともある。

例えば、広島市の社会福祉施設では、クラスターが発生してしまったため、施設自ら感染したことを公表した。広島市としては、接触者の特定や囲い込みをスムーズに行うことに繋がったと感謝していたが、感染した職員の個人情報を聞き出そうとする人が現れたり、誹謗中傷や差別を受けたりすることとなってしまった。

さらに、ことはそれだけで終わらず、SNS上では、施設の利用者が訪れるような関係先の飲食店などで新型コロナウイルスにかかった患者が出たという誤情報が出るに至った。

また、「極端な人」は何も自粛警察だけではない。例えば、新型コロナウイルスについて、学術的な内容を分かりやすく紹介したアニメーションをフェイスブックでシェアしたところ、「中国人は世界に謝れ！」などの差別的なコメントが並んだという事例もある。

攻撃の裏に不安がある

このように、新型コロナウイルスで「極端な人」が活発になっている要因は主に2つある。1つは、SNS利用時間の増加だ。自粛が長期化する中で、世界中でSNSの利用時間が増加していることが報告されている。例えば、ツイッターは2020年の第1四半期決算で、ロックダウンの影響からアクティブユーザ数が前年比24%増加したことを発表した。また、フェイスブックは、ウイルスの影響を受けた多くの国でメッセージ数が50%増加し、とりわけ被害の大きかったイタリアでは70%増加したことを発表している。

また、IT・マーケティング企業であるアライドアーキテクツが調査したところによると、日本でも35%の人がSNS利用時間の増加を感じていた。

SNSの利用時間が増えると、自分が不快に感じる情報と接する機会が増えるうえ、批判や誹謗中傷を書き込む頻度も高まる。つまり、情報の受信と発信の双方の面から、ネット上に誹謗中傷が書き込まれやすくなるというわけだ。

しかしこれでは、リアルにまで自粛警察が現れている説明がつかない。もう1つの理由としては、新型コロナウイルスで社会全体が不安に包まれ、実害も発生し、常に人々がストレス・不安を抱えるようになったことが挙げられる。加えて、メディアをつければ暗いニュースばかりだ。

人々はどのように対策をしたらよいのか分からないにもかかわらず、漠然とした不安を抱え続ける。そのような状況で、「悪者」を見つけて自分の中の正義感で批判をすることで、不安を解消して心を満たそうとするのである。脳科学の分野では、正義感から人をバッシングすることで、快楽物質「ドーパミン」が出るとも言われる。

さらに、「監視と同調圧力によってこの危機を乗り越える」という心理もあるだろう。甲南大学文学部教授の田野大輔氏は、ＭＢＳのインタビュー内で次のように指摘している。

> 政府が自粛を要請しているという大義名分で、個々人は正義の側につくことになるので、他人に対してかなり強い口調で何らかのことを要求できると。弱いモノいじめみたいなもので、権威に服従していると、その指令の下に自分は動いているという感覚になるわけですね。そうすると、自分の行動に対する責任感が麻痺して、かなり酷いことでもやれてしまう。

このように、様々な要因が重なり合って、新型コロナウイルスという新たな危機に際して、「極端な人」の影響力が増してきているのだ。

一般人も炎上の対象となる

ネット炎上というと、主に芸能人や政治家が対象となる、どこか遠いところでの話のように感じるかもしれない。しかし実は、炎上はあなたの身近にある現象であることが分かっている。

私は以前、ＮＨＫと共にリツイート数が１０００以上の大規模炎上について分析したことがある。その結果、そのような大規模な炎上の被害者として、最も多かったのは一般の人（27・６％）だったのである。次点が20・８％の政治家・自治体で、その次が19・０％の企業・営利団体だ。何と、大規模炎上の対象となっているのは、一般人が最多だったのだ。

さらにそれだけではない。リツイート（拡散）回数の平均値を算出したところ、一般人が炎上した場合のリツイート数が約１万８０００回超えでダントツだったのだ（図６）。２位の企業が約１万１０００回であることを考えると、この数字がいかに多いかが分かる。

このように一般人であると炎上が大規模化しやすい理由としては、企業と異なり組織立っての対処が難しく、個人での対応となるため、批判者を煽る等で対処を誤ってより炎上を拡大させてしまうことが挙げられる。

一般人がこれほど炎上しているというのは意外かもしれない。しかし例えば、「アイスケ

図6　炎上1件当たりのリツイート回数平均値

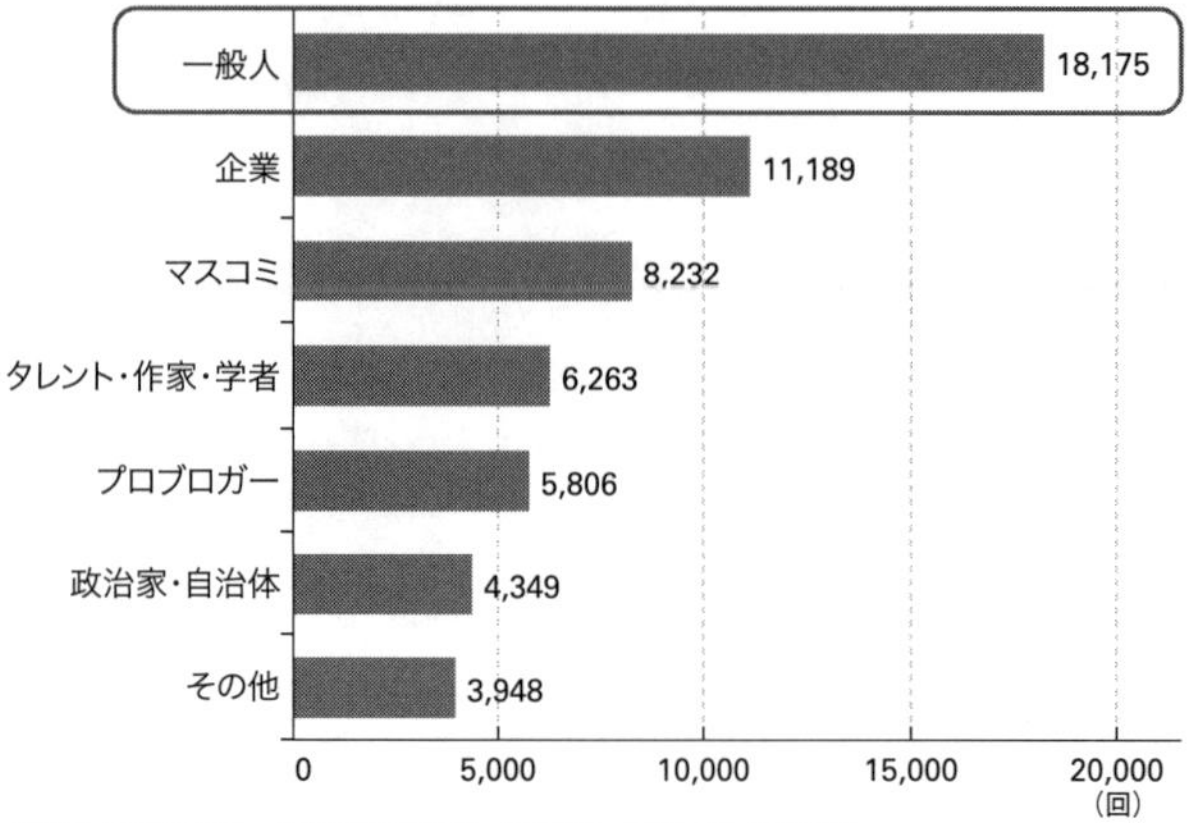

（出所）NHKのデータから筆者作成。NHKウェブサイトより引用
https://www3.nhk.or.jp/news/special/enjyou/static/20171128_2.html

ース炎上事件」を知っている人も多いのではないだろうか。この事例では、消費者がコンビニやスーパーのアイスケースに入った写真をアップロードして炎上し、商品に関する返金、店舗のアイスクリーム類の全撤去、ケースの清掃、消毒といった金銭的被害が発生した。

　このようにアイスケースに入った写真を投稿する行為は特に２０１３年頃に大量に起こり、中には炎上した学生が退学となったケースや、閉店となったコンビニもある。

　他には、先述した蕎麦屋のアルバイト店員が、洗浄機に入って悪ふざけをする写真を「洗浄機で洗われてきれいになっちゃった」というコメント付きでツイッター上に投稿した「洗浄機悪ふざけ写真炎上事件」も一般人が炎上したケースだ。

この事件では、閉店・倒産に至ってしまった蕎麦屋が、アルバイト店員に対して民事訴訟を起こす事態に発展した（店員側が和解金を支払うことで和解が成立）。

「極端な人」によって倒産、進学・結婚取り消し

なぜこのようなことが繰り返し起こるのか。その背景には、ＳＮＳの限られたコミュニティ内で自分の行動を報告しただけのつもりでも、拡散力が高いがために、公に意見を表明したのと同等となってしまうということがある。これを、弁護士の板倉陽一郎氏は、「意図せぬ公人化問題」として指摘している。

従来のマスメディアによる犯罪報道の多くは、報道に社会的意義があったことからなされていた。それに対し、自らネットを通じて不特定多数の人間に発信してしまっている「意図せぬ公人化」によって、かつてであれば報道されず、起訴もされなかったようなケースの「違法」性が暴露されてしまうのだ。

たとえソーシャルメディアのフォロワー数が少ないユーザでも、非公開設定[4]にしていない場合は、前述した拡散力によって、発信した情報が瞬く間に拡散する可能性もある。これは、

炎上が頻発するようになった一因といえる。

その結果もたらされる未来は悲惨だ。学校を退学になるケースが多いほか、過去の炎上事件もネット上に「個人情報付きで」残り続けてしまうため、過去にさかのぼって検索された結果、進学や結婚が取り消されたといった事例も出てきている。内定取り消しもある。また、先に書いたとおり店側が金銭的被害を受け、中には倒産する事例もある。

これを読んでいるあなたは、もしかしたら「悪いことをしているのだから批判されて当然」と考えるかもしれない。確かに、一般人が炎上する時、多くの場合社会的に受け入れられないことをしていることが多い。

ではあなたは、学生の時に何も悪いことをせず、聖人君子のような生活をしていたのだろうか。仮に何か悪いことをしていたとしたら、それによってネット上に半永久的に個人情報を晒され、進学・結婚・内定が取り消されるのが妥当な罰だと思うのだろうか。

日本は法治国家である。何か社会的に受け入れられないことがなされた時は、法の下で裁かれるべきだ。アイスケースに入った学生とコンビニ――つまり当事者――の間で話し合ったり、裁判をしたりして決着を見るのはいいだろう。

しかし第三者が自分の評価軸で内容をジャッジし、個人に対して誹謗中傷や批判を浴びせかけ、その人が社会的制裁を受けるまで攻撃し続けるのは、私刑（リンチ）と変わらない。

そしてネットは過剰性を持つ。なぜならば、そこに書いている人は「極端な人」であり、「より極端な人であるほど多くの書き込みをして影響力が強くなる」からである。あなたが仮にアイスケース炎上事件を読んで不快に思ったとしても、ほとんどの場合ツイッターで当該学生に対して直接攻撃を加えたり、ましてや個人情報を拡散しようとしたりはしないだろう（もしあなたがそのように考えた場合は、「極端な人」予備軍なので注意だ）。

そう、ほとんどの人は「悪いことしてるなあ」と思っても、わざわざそれをネットで本人に直接書き、さらに人格否定のような誹謗中傷や、個人情報の拡散なんてことはしないのである。そのハードルを越えて過剰に批判をするのは、まさに「極端な人」の所業なのだ。

そして「極端な人」が元気なネットは、過剰性を持つことが知られている。この場合の過剰性とは、制裁の過剰だ。学生がコンビニに迷惑をかけたからといって、退学や罰金などの

4　自分のフォロワー（自分をソーシャルメディア上で閲覧する対象として登録している人）にしか、自分の投稿が見えないようにする設定。これをしない場合、ツイッターのようなオープンなSNSでは、全ての投稿について世界中の人が閲覧可能となる。

罰を受けるだけでなく、長期間にわたりまともに社会生活を送るのが困難になるのが、本当に妥当な罰なのだろうか。「極端な人」によって制裁がなされるからこそ、過剰な結果を生み出してしまうのである。

何もしていなくても誹謗中傷される

自分はそのようなことはしないので無関係だ――こう思う人もいるかもしれない。しかし実は、自分が何もしていなくても、ある日突然自分が多数の誹謗中傷の対象になることがある。

典型例が、「スマイリーキクチ中傷被害事件」だろう。これは、お笑いタレントであるスマイリーキクチさんが、女子高生コンクリート詰め殺人事件[5]の犯人であると誤解した人から、10年以上誹謗中傷を受け続けた事例である。

女子高生コンクリート詰め殺人事件の加害者は少年であったため匿名報道がなされたが、その結果、犯行現場である足立区出身で犯人グループと同世代、十代の時に不良であったという要素を備えていて、かつ、芸能人でメディアの露出が多かったスマイリーキクチさんが、当事件の犯人であるという話がＳＮＳに投稿されるようになった。

当然、そんな事実はない。しかしさらに、スマイリーキクチさんが事件のことをお笑いにしたという事実無根の投稿もあり、2ちゃんねる（現5ちゃんねる）や所属事務所の電子掲示板といった場所に、「生きる資格がねぇ」「鬼畜さん、火の無い所に煙は立たないよ」などの中傷が頻繁に投稿されるようになってしまったのだ。

スマイリーキクチさんは所属事務所のウェブサイトで公式に否定したが、中傷は収まらない。挙句、テレビ局やスポンサー企業に「殺人犯をテレビに出すな」といった抗議が増え、仕事にも大きな影響が出るようになっていった。

警察に訴えたものの、最初は「事件になっていないので削除依頼をしてください」と言われるだけであった。また、再度警察に訴えた際は、中傷コメントの発信場所が特定されたが、当時はネット関係の法整備や捜査手法が進んでおらず、立件と捜査は断念された。

5　1989年に発覚した事件。バイト帰りの女子高生を強姦した挙句、犯人グループの1人の家に監禁して、輪姦や暴行を41日間にわたり行った事件。最終的に女子高生は暴行で死亡し、ドラム缶に入れてコンクリート詰めにされ死体遺棄された。犯罪が極めて悪質であるうえに加害者が全員少年であったために、本名などのプロフィールが隠されたので、本件のような誤解による炎上が起こったといえる。

その後も長く解決が見られなかったが、２００８年8月に中野署の刑事課に相談したのち、担当者がネットに詳しかったために事態が動いた。最終的に、特に悪質性の高い書き込みを厳選し、該当する者を一斉摘発することとなり、19人が検挙される事態となったのだ。

検挙された人たちは、「ネットにだまされた」「本にだまされた」と責任をなすりつけ、「仕事、人間関係など私生活で辛いことがありムシャクシャしていた」「離婚して辛かった。キクチはただ中傷されただけで、自分の方が辛い」と責任を転嫁したり、被害者意識を出したりといった行動をとった。また、彼らは本当にスマイリーキクチさんが犯人だと信じていたという。そして、スマイリーキクチさんに直接謝罪する者は現れなかった。

いじめ加害者の祖父と間違われ１００件の電話

これは特別凄惨な事例ではあるが、ここまでではなくともある日突然犯人に仕立て上げられ、誹謗中傷を浴びせかけられる例は少なくない。

２０１３年、滋賀県の男性がブログ開設者を相手取り損害賠償を求める訴訟を起こした。理由は、２０１１年に起きた大津市の中学2年生の男子生徒がいじめを苦に自殺した事件に絡み、その加害者の少年の祖父であると、事実無根のことをブログに書かれたためだ。同じ県で起きた事件の、同性の少年ではあるものの、自分とは全く関係がなかった。

そんなことは誤解を解けばいいだけだろうと思うかもしれない。しかし想像してみて欲しい。ある日突然、自分が凄惨な事件の加害者親族であるとされ、批判・誹謗中傷されることの恐怖を。それに対してどのように誤解を解いていけばよいのだろうか。

男性の勤務先には「殺人鬼はいるか」「死ね」など脅迫じみた電話が１００件以上殺到した。そのたびに根拠のないうわさと否定したものの、脅迫電話や脅迫状は止まず、内容が誤りであると報じられてもなお、沈静化には１週間以上を要した。

さらに沈静化しても、ネットには書かれた情報がいつまでも残る。友人・知り合いは黙っていても、本当は（誤解したまま）自分のことをそのように見ているかもしれない。あるいは、家族に危害が加えられるかもしれない。思い悩んだ男性は、精神科に通院までした。

結局、ブログに顔写真や虚偽の事実を掲載した男性は、名誉棄損罪で罰金30万円の略式命令を受けることになったが、受けた精神的被害はなかったことには出来ない。

他にも、常磐自動車道で男性会社員があおり運転を受けた後に殴られた事件では、傷害容疑で指名手配された男性の車に同乗していた女性として、全く関係ない女性の写真や個人情報が拡散されたこともある。「ガラケー女」という言葉をあなたも聞いたことがあるかもしれない。

ガラケー女という名称は、「殺すぞ」などと怒鳴りながら被害者の会社員を殴打する様子を、同乗者の女性が携帯電話で撮影している様子がクローズアップされ、つけられた名称だ。スマートフォンではないフィーチャーフォン（いわゆるガラケー）であったため、このような名前となった。

この事件に対する社会の注目度は高かった。そして、「あおり運転　指名手配犯　ガラケー女　〇〇　拡散希望」などと書かれた投稿が、ツイッターで瞬く間に拡散されていった。ところが、これは事実無根のデマだったのである。

前出の２例と同様、「ある日突然、犯人にされた」のである。会社を経営していた女性のもとには３００件を超える苦情の電話と、ＳＮＳへの誹謗中傷が１０００件以上寄せられた。全く関係のない事柄で、全く関係ない人たち――「極端な人たち」――から、大量の攻撃を受けたのだ。


「捕まれＢＢＡ（ババア）」

「精神異常者」

これらは実際に書かれた誹謗中傷の内容であり、これよりもっとひどい内容も数多く存在していた。

結局声明文を出し、記者会見を開き、そのうえで真犯人が逮捕されたことで、やっと事態は収拾に向かう。しかし、今度はデマを流した人に対して訴訟を起こすべく動いたら、「金銭目的の浅ましい行為だ」などという新たな誹謗中傷が書かれるようになったという。

繰り返しになるが、罪を犯していようと犯していまいと、その人に対して人格を否定するような誹謗中傷を浴びせかけ、個人情報を拡散する行為は「表現の自由」ではない。不快に感じたとしても、「誹謗中傷や個人情報を書き込む」というハードルを越えるような「極端な人」とならないように注意しなければならない。

「極端な人」同士は議論が出来ない

「極端な人」が社会にもたらす影響はこれらに留まらない。そもそも、「極端な人」同士では議論が出来なくなるというのも重要な観点だ。

現実でもそうだが、極端で強い想いを持っている人というのは、基本的に自分の考えを曲げようとしない。他の意見がぶつけられたら、それをもとに自分の考えを振り返るのではなく、まず他者を否定しようとする。

議論というのは、本来相手の意見を聞き、その内容を論理的に分析した後、自分の考えと合わせて返事をするのが基本的なスタイルだ。たとえ相手と考え方が異なっていたとしても、それでも相手のことは尊重しつつ、自分の意見をぶつける。だから議論の場では、「私の意見としては〇〇ですが」「とても面白い視点だけど、△△という点はおかしいのではないか」などの言葉が行き交う。

しかし、極端な意見の人同士の会話はこうならない。「お前は何も分かってない」「勉強不足」などと相手を否定し、相手の意見には取り合わない。その結果全く議論が出来ず、ましてや合意形成など夢のまた夢なのである。

現実社会では、そのように極端な人ばかりが会話に参加することは少ない。しかしネット上では、先述したように少数の「極端な人」の声が非常に大きくなる。言ってしまえば、「極端な人」ばかりが会話に参加するネット上では、議論をして新たな智を生み出したり、合意形成したりするのは難しいと言わざるを得ない。

さらに、ネットを使っている人ほど、社会には「極端な人」が多く、分断されていると感じるようになるとする研究成果を紹介したと思う。これを踏まえると、「極端な人」以外も、ネットを見ていれば「社会で議論なんか出来ない」と思うようになり、社会が不寛容で分断されたものと勘違いしていくといえる。

大衆の手による過剰な表現規制

「ネット上では政治の話はしない」

あなたも、もしかしたら心にこう決めているかもしれない。ではなぜ、そのように考えているのだろうか。理由はいくつかあるかもしれないが、その1つに、「過激な意見で反対されたら嫌」だというのはないだろうか。

中庸的な意見の人同士であれば議論が出来る。しかし、「極端な人」からの攻撃に対しては、たとえ反論したとしても、より苛烈な攻撃的メッセージを浴びせかけられて終わりだ。それが現実で繋がりのある人であればまだどうにかしようと思うが、赤の他人からの攻撃であったらどうか。最初は政治的な発信をしていたとしても、やがてその話題に触れるのはやめてしまうだろう。

「極端な人」がネットで主導権を握っているために、このような表現の萎縮が起こってしまっている。誰もが自由に、平等に発信できる空間であったはずのネットが、一部の「極端な人」によってその自由さを失いつつあるのだ。

しかもそれは、繊細な話題であればあるほど起こり得る。政治、ジェンダー、社会保障……社会にとって大切な問題であればあるほど、先述したように「極端な人」が多くの意見を発信するバイアスは強まり、ネットは怖い空間となる。

従来から常に議論の的となってきた表現の自由・表現の規制というのは、主に政府によるものだった。しかしこの情報社会・ＳＮＳ社会においては、もはや大衆による表現の規制という、新たな現象を生み出している。しかもその規制水準は、政府による規制よりはるかに高い水準になってしまっているのだ。

現実社会でも元気な「極端な人」

ここまでネットでなぜ「極端な人」が多く見られるのか、そしてそのことによってどのような社会的影響があるのかを見てきた。しかし実は、「極端な人」が元気なのはネットに限らない。冒頭でも述べたとおり、現実社会でも、クレーマーが増加していることが指摘されている。

> 従業員の商品管理の悪さの為に客に損害を与えたとして謝罪するしまむら苗穂店の店長代理○○（デブ）と平社員○○。土下座させるお客様凄い凄過ぎる怖い怖過ぎる

こんな文章を、店員を土下座させている写真と共にツイッターに投稿した主婦がいる。店で購入したタオルケットに穴が空いていたことに激怒してやった行為らしい。何と子供を連れている時にそのようなことをしたというのだから驚きだ。

確かに、穴が空いていたというのが事実であれば、しまむら側に落ち度がある。しかし、それは返金をお願いすればよいだけのはずだ。相手がミスをした時に、とことんそれを責め立てるのが「極端な人」の特徴である。

この時はネット上で「クレーマーがいる」と炎上したのだが、最終的には店側が被害届を出し、何と強要罪で逮捕されるというオチがついた。

このような悪質なクレーマーについて、関西大学の池内裕美教授は次の5つの特徴のいずれかが当てはまれば悪質クレーマーだと述べている。

①とにかく回数が多い。
②不当な金銭要求（「誠意を示せ」などと言い、過大な物品要求、無理難題などの要求をしている）。
③因果関係が明らかでない。
④恐喝、暴力、脅迫、監禁などをしている。
⑤業務妨害（長時間・多頻度）。

先ほどの土下座の例でいうと、②、④、⑤に該当するだろう。普通に生活しているとあまり出会わないかもしれないが、このようなクレーマーに悩む店舗は多い。

さらに最近では、特に④に関連した威嚇・激高型のクレーマーが多いようだ。要するに、相手への怒りや威嚇で主張を押し通そうとするタイプである。「訴えるぞ」という言葉のほかに、最近では「ネットに書くぞ」と主張してくる人も多い。

「極端な人」による不寛容社会

近年、日本は少子高齢化が深刻な問題になっているが、それと同時に、保育所の待機児童問題が極めて深刻になっている。女性の社会進出などもあり、保育所利用を希望する人は多くいるにもかかわらず、中々政府や自治体の対応が追い付いていないという現実がある。子供を預けられなければ出産後に職場復帰することが出来ず、最悪の場合は失業に至ってしまう。

政府・自治体の対応が遅れている要因は様々にあるが、その要因の１つに「極端な人」によるクレームがある。

毎日新聞が２０１６年に報じたところによると、２０１２年以降、近隣住民の反対で保育所開設を断念した事例が少なくとも11件、開設が遅れたケースが15件存在していたらしい。また、２０１４年に東京都が調査したところによると、保育所や学校、公園で遊ぶ子供の声をめぐって苦情を受けたことのある自治体は7割に上った。「夜勤あけで眠れない」「定年後を静かに過ごそうと思ったのに台無しだ」という意見が多いという。

中には、「対応しないなら、園児の首を切るぞ」と職員を電話で脅し、園児を迎えに来た保護者に手斧を見せて逮捕されるような男性も現れている。保育所によっては、一日に5回も苦情電話があるようなケースもあるらしい。

また、高級住宅地で知られる白金台において、待機児童問題解消を目的に建設予定だった保育所が、住民から猛反発を受けて開所時期を延期するような事例もあった。この時は、工事説明会で「高齢者施策にもっと重点を置くべき」「必要性が分からない」などの意見が続出したことが理由である。

もちろん、批判を言う人の気持ちも分からなくはない。保育所が建つと大きな音が出るため、夜勤明けの人には辛いものがあるだろう。あるいは、老後を静かに過ごしたかった人にとっては誤算だったかもしれない。

しかし、将来を担う子供の声を「騒音」と断じ、「自分の関わっていないところで育ててくれ」というのは、不寛容で、子育てに不向きな国・地域と言わざるを得ない。しかも、行政側も、そのように批判する人の声に耳を傾けて開設を中止してしまうのならば、非常に残念な話である。

人間、誰しも他人に何らかの迷惑をかけて生きている。まして子供の頃はなおさらだ。今クレームをつけている人も、子供の頃は泣いて、親や地域の人に見守られながら育ててもらっていただろう。それがいざ自分の番になったら迷惑をかけられたくないと批判するのは、悲しいことである。

なぜクレーマーは増えたのか

なぜ近年になってクレーマーが増えたといわれるのか。背景には様々な要素がありそうだが、1つには消費者の地位や権利意識が向上してきたことが挙げられる。有名な製造物責任法（PL法）が施行されたのは1995年である。また、産地偽装や消費期限改ざんといったような企業の不祥事が相次ぎ、消費者の不信感も増大したといえる。

もう1つ、経済の低迷も原因としてありそうだ。経済が低迷する中で、これまでの「働いたら働いた分豊かになる」という状況が一転し、「働いても働いても豊かになれない」社会が到来した。この20年間、可処分所得の平均は横ばいどころか、減少すらしている始末だ。

そのような中で、行き場のない不満や鬱憤《うつぷん》を、自分より下に扱える相手に対して吐き出すというわけである。

さらに、高齢化社会の進展もクレーマーの増加と密接に関係する。実は、先述の池内氏は、クレーマーは中高年男性に多いと指摘している。また、慶應義塾大学教授の田中辰雄氏が政治的極端度を調査したところによると、若者よりも圧倒的に高齢者の方が極端な意見を持っていたことも分かっている。

つまり、人は歳を重ねるごとに、多様な視点を持ってより寛容になるのではなく、むしろどんどん考えが凝り固まって極端になっていくのである。

加えて、クレーマーには、高学歴・高所得で社会階層が高い人が多いこと、自尊感情が高く完全主義的な傾向が強いこと、社会的不満が高いといった特徴もあるようだ。「私は、どこそこの営業部長をやっていたんだが……」というように、権威をかさに着て、後輩育成のような感覚で企業をしかりつけるようなクレームが多いというわけである。

萎縮する側にも課題がある

ＮＨＫが以前、こんな調査をしたことがある。

問い：本を読みながら歩く二宮金次郎の像は、子どもがまねたら危険なので座った像にすべきだ

回答：（同感できる・同感できない）

もしかしたらあなたは今、「何の話だ？」と思ったかもしれない。ここで言っている二宮金次郎の像とは、小学校などに置いてある、あの薪を背負いながら本を読んでいる像に他な

らない。

実は、これは大まじめに議論されているものなのだ。

確かに、像は歩きながら本を読んでいる。これを現代風にスマートフォンに置き換えて、歩きスマホを推奨していると捉えられたら子供に悪影響があるかもしれない。しかし、子供というのは薪を背負って歩きながら本を読んでいる像を見て、自分も歩きスマホをしようと思うものなのだろうか。また、少なくとも本は昔からあったわけで、その理論でいうと昔から歩き読書を推奨していた危険な像ということになってしまう。

この議論、毎日新聞が報じているところによると、少なくとも２０１２年から存在するようだ。そして２０１６年にＮＨＫが先述のように調査したところによると、「同感できる」と答えた人は23％で、「同感できない」と答えた人は66％であった（図7）。おそらく、これを読んでいる読者の中でも、大体そのような意見分布になるのかと思う。

ここまでであれば、そういう意見も世の中にはあるという話で終わりである。ちょっとした笑い話に使えるかもしれない。

ところが、これを実際に座らせたり、撤去したりした学校が複数存在するのだ。つまり、23％側の意見を採用し、予算を投じて、像を撤去したり、座った二宮金次郎の像を新たに造

図7　「二宮金次郎像は座らせるべきだ」に対する回答結果

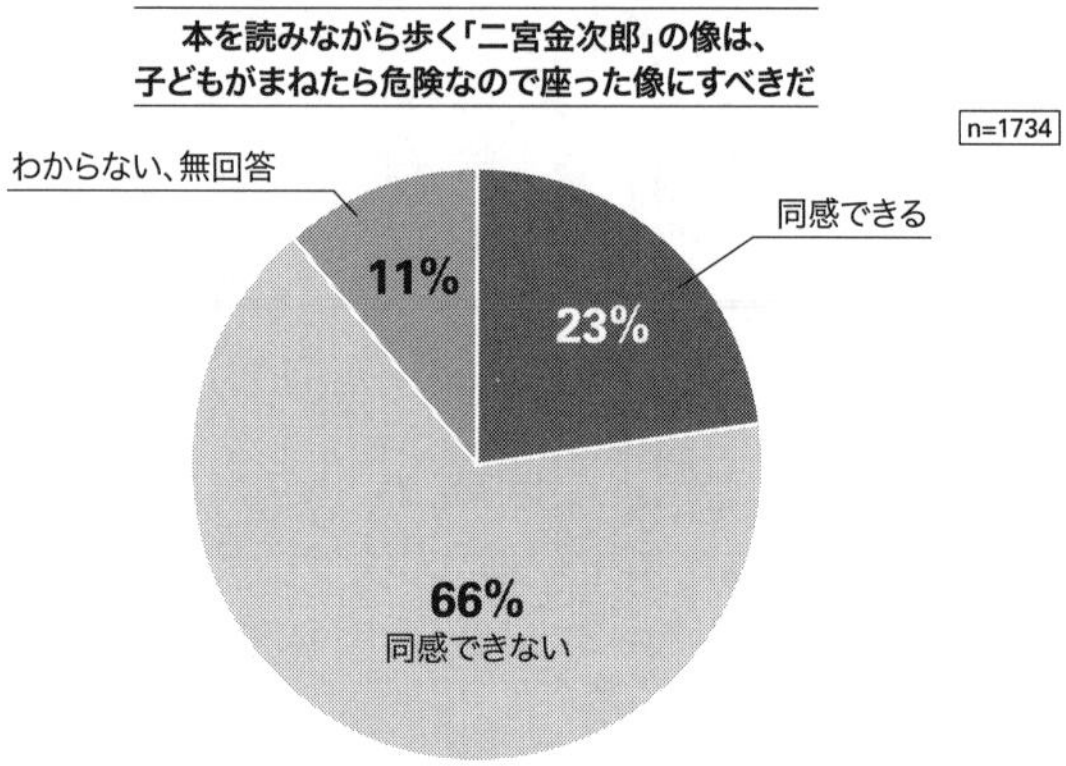

（出所）NHKの調査結果より引用
https://www.nhk.or.jp/bunken/research/yoron/pdf/20160616_1.pdf

ったりしたのである。

なぜこのようなことが起こってしまったのか。理由の1つに、ここでも発信のアンバランスさが考えられる。23％の人は問題意識をもって現状を批判し、変えようとしている人たちである。当然声が大きく、多くの発信をする。その一方で、66％の人にとってみれば二宮金次郎の像が歩いているのは当然のことであり、取り立てて情報発信しようとは思わない。その結果、学校に届く声は23％の人の声ばかりになる。

もちろん、少数派だからといって無視していいということにはならないし、賛成派と反対派で密な議論を繰り返した末にそのような結論に至った学校もあったかもしれない。しかし、目立つ批判意見に流されて座らせてしまったのだとしたら、それは残念な結果である。

ネットでも現実でも、自分の耳に届く情報は常に偏っている。批判や極端な意見ほど発信されやすいというのはどこでも同じなのである。自分の接している情報の偏りに常に目を配り、過剰な萎縮をしないようにしなければならない。そうでなければ、「極端な人」はさらに力を増していき、やがて彼らによる超萎縮社会が到来してしまうだろう。

第3章　「極端な人」の正体

「極端な人」とはどのような人なのか

「極端な人」というのは、どういう人たちなのだろうか。例えば、ライターの中川淳一郎氏は、ネット炎上に加担している人を「イタい人たち」と形容している。あるいは、氏が「社会的弱者」「バカで暇人」「ネットのヘビーユーザ」と表現されるのもよく目にする。

大体のイメージとしては、年がら年中ネットをしている低学歴のひきこもりの人がネット上で誹謗中傷を繰り返している、というものがあるだろう。あるいは、比較的時間があってネットにも精通している若い学生だろうか。

その「正体」を追うのに、いくつか適した事例がある。例えば、「弁護士懲戒請求問題」では、被害にあった弁護士が「極端な人」の正体に触れている。

弁護士懲戒請求問題とは、ネットを通じて弁護士に大量の懲戒請求を人々が行い、弁護士がそれを訴える裁判を起こした一連の騒動である。

この事例は、東京弁護士会が「朝鮮学校への適正な補助金交付を求める会長声明」を出したことに端を発する。これを快く思わなかったあるブログが、これに賛同する弁護士について、弁護士資格のはく奪などを求める懲戒請求を行うことを読者に呼びかけ、それに応じるものが現れたのだ。

この懲戒請求では、９名の弁護士がターゲットとなった。そのうちの１人である佐々木亮弁護士は、この件に関して全く専門外で身に覚えがなかったにもかかわらず、ブログでターゲットにされていたために、２０１７年末までに１０００通以上の懲戒請求を受け取ることとなったらしい。懲戒理由には、例えば以下のようなものがあった。

> 違法である朝鮮人学校補助金支給要求声明に賛同し、その活動を推進する行為は、日弁連のみならず当会でも積極的に行われている二重の確信的犯罪行為である（原文ママ）

さらに、それを発表し、加害者を揶揄《やゆ》するような投稿をツイッターでした際には、同情的なコメントを寄せた他の弁護士にまで懲戒請求が波及した。そして、各々１０００通ほどの懲戒請求が来たようだ。加えて、佐々木弁護士は怪文書的な手紙も受け取るようになった。

佐々木弁護士は他の弁護士共々、損害賠償請求訴訟を提起するに至る。その結果、懲戒請求は不法行為であるとして賠償が認められるのだが、そこで明らかになったのが、懲戒請求を送ったのは若い人どころか、高齢者がほとんどということであった。これについては、佐々木弁護士も意外だったようで、「驚くことに」と表現している。

別の事件では、アベマTVが、排外主義的な投稿や記事を毎日50回以上リツイートしている人を取材した際には、当該人物のプロフィールをグッズ関連の会社を経営している人と紹介している。この人は「このバカさ加減をみんなに広めてやろうみたいな。ビジネスの中でも韓国絡みの仕事をするとろくなことがない。約束を破るわ、逃げるわというのが実際にあるので、どうも好きになれない」と発言しており、ある種使命感を持って活動をしていることがうかがえる。

同じくネット右翼・排外主義的な投稿でいうと、奈良県の町議が、数か月間フェイスブックで差別的な書き込みを繰り返し行っていたこともあった。韓国人と性犯罪を結びつけるなどの差別的な書き込みを行っていただけでなく、特定の国会議員を在日コリアンと決めつけて「股裂きの刑にしてやりたい」などと書き込んでいたのだ。

「ネット右翼は低学歴のひきこもり」は誤り

このように見てくると、少なくともネット右翼を低学歴のひきこもりと予想するのはかなり的外れに思えてくる。むしろ、どちらかといえば社会的地位があるような人にすら思えてくる。

実は、この「ネット右翼は誰か?」という問いに対しては、いくつかの研究が既に答えを出している。評論家の古谷経衡氏は、1000人規模の調査を実施した結果、最終学歴はなんと四年制文系学部出身者が4割近くで最多で、大学在学経験者が6割以上を占めていた。さらに、平均年収は451万円と、民間給与調査の平均を40万円も上回っていたのである。

大阪大学准教授の辻大介氏も似たような結果を導いている。辻氏の研究では、ネット右翼的な人は、ネット利用時間が長い(とりわけSNS利用時間が長い)傾向は見られたものの、年齢に特別な傾向は見られず、性別では男性が多かった。また、どちらかといえば年収800万円以上のクラスで比率が高かった。

いずれの事例も、研究結果も、ネット右翼が低学歴のひきこもりであったり、ネットに慣れていて時間もある若い学生であったりというようなイメージと相反するものだ。

ここまであなたが本書を読んできて、「極端な人」に対してどのようなイメージを持っていただろうか。おそらく、自分と関係のない、ネットにずっと没頭しているような、どこか遠いところの遠い人が起こしている対岸の火事と考えていたのではないだろうか。

しかし、少なくともこの客観的な属性に合う人は、あなたの周りにもとても多いのではないだろうか。「極端な人」というのは、どこか遠いところの人なのではなく、実はあなたのすぐ近くにいる人たちなのである。

政治以外の「極端な人」も特別な人ではない

もちろん、「極端な人」というのは、政治的に極端な人だけを指すわけではない。様々な事例は、政治以外の誹謗中傷事件・ネット炎上事件においても、書き込んでいる人が特別な人ではないことを示している。

例えば、お笑い芸人のスマイリーキクチさんの事件――例の、長きにわたり女子高生コンクリート詰め事件の犯人と誤解され、誹謗中傷され続けた事件である――で書類送検された19人のプロフィールを見ると、年齢も性別も職業もバラバラであり、サラリーマンから妊娠中の主婦まで、多様な属性であったことが分かっている。

また、新型コロナウイルスに関連し、ネット掲示板に大阪府知事への殺害予告を書いた男性が、脅迫容疑で大阪府警に逮捕された事件があった。年齢は35歳、飲食店経営というプロフィールが分かっている。動機は新型コロナウイルス特措法に基づく休業要請に応じないパチンコ店の店名を知事が公表したことへの不満と見られる。

タレントの堀ちえみさんが、舌癌の手術を受ける前日から数か月にわたって「死ね消えろ馬鹿みたい」といったコメントを、自身のブログに書き込まれるといった事件も起きた。この事件では、関係者が警視庁に被害届を出したところ、コメントを書き込んでいたのは北海道在住の50代主婦であることが分かった。

「年収が高い」「主任・係長クラス以上」——炎上に参加

誰が「極端な人」なのか——この疑問について、私は慶應義塾大学教授の田中辰雄氏らと、以前2回にわたりデータ分析をしたことがある。分析に当たっては、２０１４年に20～69歳の男女約2万人、２０１６年に同じく20～69歳の男女約４万人を対象としたアンケート調査のデータを使った。

具体的には、当時すでに頻発していた「ネット炎上」についてどのような行動をとったかを調査し、炎上参加行動に関する数学的なモデルを構築して、どういった特徴を持っていると炎上に加担しやすいのか分析したのである。なお、ここでいう炎上に参加したとは、「過去１度でも炎上した事例について、ネット上で書き込んだことがある」人である。

その結果、２回とも意外な結果を示した。なんと、「男性」「年収が高い」「主任・係長クラス以上」といった属性であると、炎上に参加しやすい傾向にあるという結果になったのだ。事例だけでなく、データ分析結果からも、旧来言われていたような「極端な人」の属性が的外れだったことが示されたといえる。

なお、属性データはアンケート調査会社に回答者が登録する際に書き込んだものを使用しており、今回のアンケート調査とは独立して取得している。そのため、回答結果に紐づけて属性で虚偽の申告をしたということはあり得ない。

とはいえ、このように書くとそういう人しか書き込んでいないような誤解を与えかねないため、もう少し詳しく見ていこう。以降は、２０１６年調査のデータで見ていく。

まず、「男性が多い」という点について見てみると、炎上参加者の7割は男性であった。社会においても、この調査においても男女比はほとんど半々であることを考えると、この偏りは大きい。

ただし、事例によって多少の変化はあった。例えば、芸能人の不倫で批判が集中した事例や、ジェンダー関係の炎上では、女性の比率は相対的に多くなっていた。しかし、それでも女性が大半を占めることはなく、常に男性が多い傾向が見られたのだ。

次に、年収を見てみよう。サンプルには労働していない人も含まれていたため、世帯年収を比較すると、炎上参加者の世帯年収は平均して６７０万円であったのに対し、炎上に参加していない人は平均して５９０万円であった。つまり、炎上参加者の方が、世帯年収が80万円も高かったのである（図８）。

厚生労働省が発表している統計によると、日本全国の世帯年収平均値は５５０万円らしい。私の調査では70歳以上の回答者がいないため、世帯全員が年金暮らしというようなケースが除かれており、平均は若干高めになっている。それでも、炎上に参加していない人の世帯年収平均値は社会全体の平均値に近い値だ。それが炎上参加者では６７０万円にもなるというのは、いかに収入の高い人の方が炎上に加担しているかがよく分かる。

最後に、炎上参加者の肩書きの内訳を見ると、図９のようになる。これを見ると、肩書きが非常にばらけていることが分かるだろう。主任・係長クラス以上が31％、一般社員が30％、個人事業主・店主が９％、無職・主婦・バイト・学生が30％だ。まさに「特別な傾向は見られない」というように見える。

しかしこれを、炎上に参加していない人の肩書きと比較するとその傾向が見えてくる。なんと、炎上に参加していない人の中では、主任・係長クラス以上の役職の人は18％しかいなかったのである。つまり、炎上に参加していない人の中では18％しかいない人たちが、炎上

図８　炎上参加別の世帯年収平均値

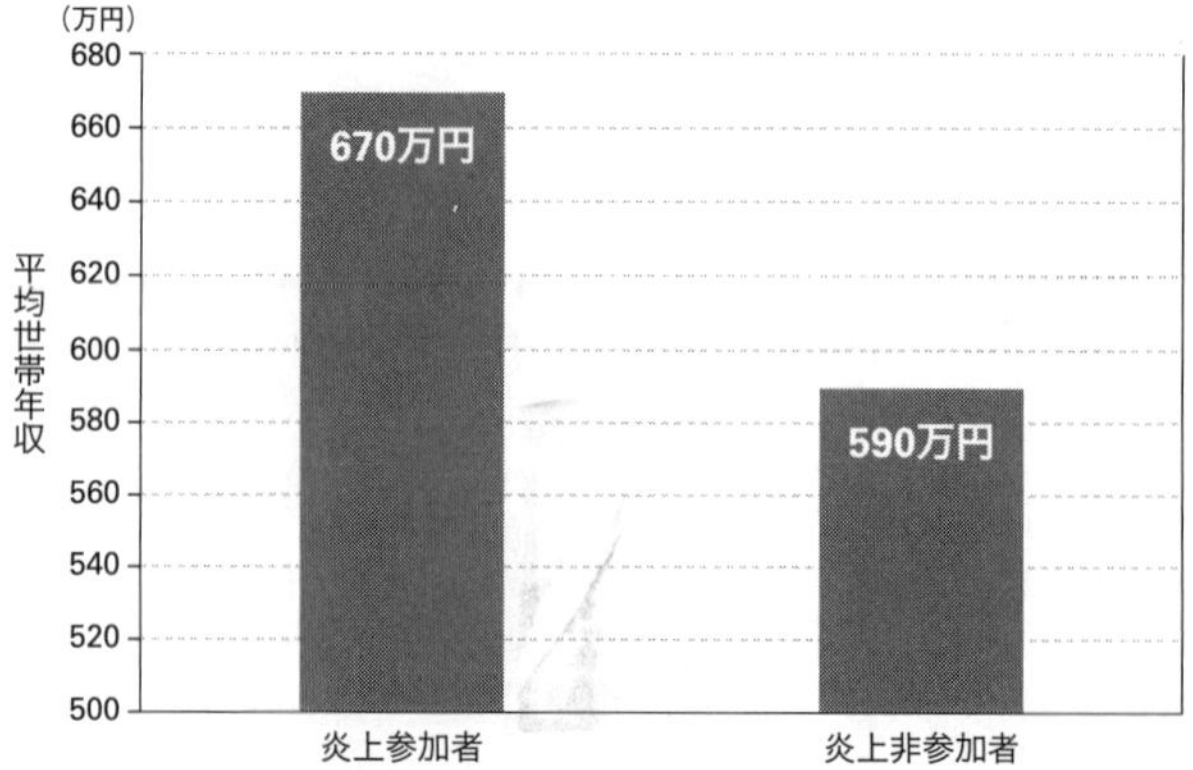

（出所）分析結果より筆者作成

図９　炎上参加者の肩書き分布

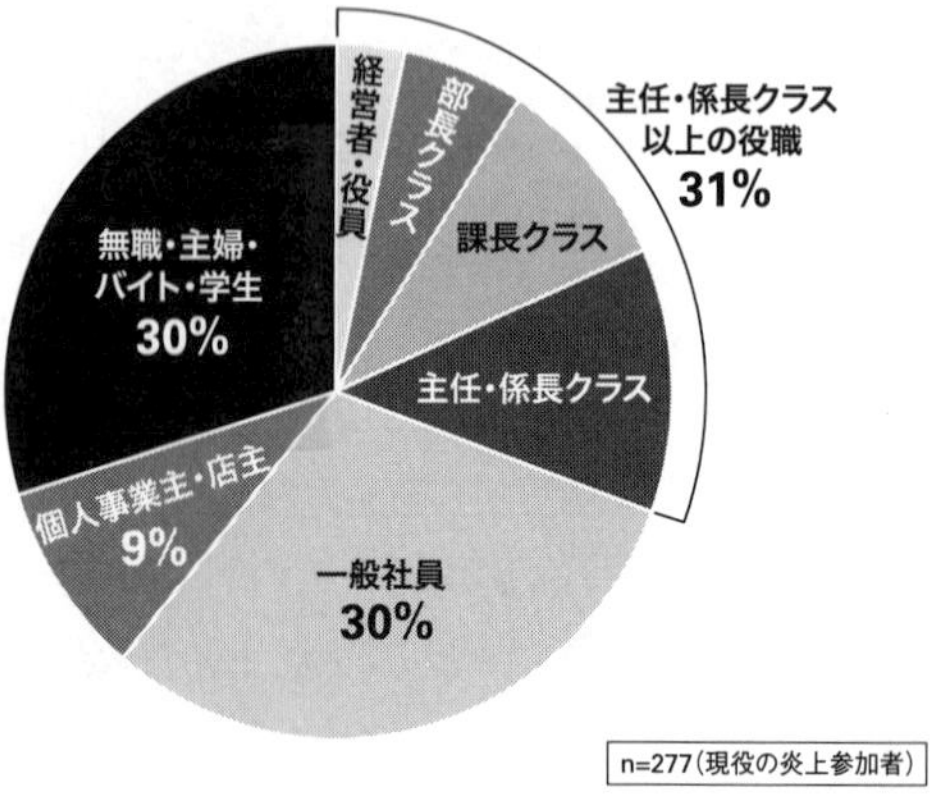

（出所）分析結果より筆者作成

に参加している人の中では31%と、1・5倍以上の比率で存在している。

　このような肩書きの人であるほど、「極端な人」になりやすいというのが真実なのだ。

暇人でなくとも「極端な人」にはなれる

　よく、ネット上で誹謗中傷や批判を繰り返す人に対して、「どうせ暇人なんだろう」というような意見を耳にする。確かに、暇を持て余してそのような行動をとっている人もいるだろう。

　しかし現実には、「男性」「世帯年収が高い」「主任・係長クラス以上」の方が炎上に加担しているようだ。ネット右翼も同様の傾向があった。これはどういうことだろうか。

　冷静になって考えてみれば、「極端な人」としてネットに書き込みをするのに、何も大量の時間は必要ないことに気付くだろう。たとえ役職付きで忙しくしていても、同居している家族がいても、仕事の休憩時間や家に帰ってからの自由時間の間に、今日1日何があったかネット上で情報収集し、書き込むのは容易《たやす》い。書き込むことに集中すれば、2時間もあれば数百件は書き込めてしまうだろう。

　ネットはそれほど、我々が情報を収集して発信をするという行為のハードルを下げたのだ。

結局のところ、誰でも「極端な人」になれてしまう。それが今の情報社会の現実なのである。

しかしそれは、何もネットだけに限った話ではない。ネットはあくまで「極端な人」をより目立たせるようにしただけに過ぎない。私の分析結果から明らかになった属性を見て、どこかで聞いた属性に近いなと思わなかっただろうか。そう、クレーマーの属性である。

前述したように、クレーマーの属性としては、男性である、高学歴・高所得で社会階層が高い人が多い、といった特徴が明らかになっている。ネットは高齢者と親和性がないこと、ネットに書き込むのと比べてクレームをつけることの方が時間をとられることから、どちらかというとクレーマーには中高年以上、とりわけ定年退職後の人が多いようだが、大勢はネット上の「極端な人」と一致する。

どうやら、「極端な人」の正体が見えてきたようだ。

まだ少し信じられない人もいるかもしれないが、自分の周りの人を想像してみて欲しい。あなたの周りに、いつも攻撃的で部下を否定してばかりいる、そんな上司はいないだろうか。おそらく、この問いについては「いるいる」と答える人が多いだろう。まさに、そういった人が「極端な人」であり、ネットでもまた暴れているというわけだ。

社会に対して否定的で、寛容性が低い人たち

このように、「極端な人」というのは「どこにでもいるような人たち」であり、どちらかといえば少し裕福で、役職付きの人が多そうなことが、あらゆる事例・研究から分かってきた。

しかし、その内面を覗いてみると、少し特殊な価値観を持っていることも見えてきた。同じように数学的モデルを使った分析によって炎上参加者の考え方を分析したところ、第１章でも触れたとおり、「ネット上では非難しあっていい」「世の中は根本的に間違っている」「ずるい奴がのさばるのが世の中」「相手の意見が間違っているなら、どこまでも主張して相手を言い負かしたい」等の考えを持っていることが明らかになってきたのである。

このように考えている人は、全体からすると少なく、特殊で偏った価値観といわざるを得ない。つまり、社会に対して否定的で、攻撃的な価値観を抱いている人が、炎上に加担しているといえる。

さらに、クレーマーの研究でも、クレーマーは寛容性が低いという性格的特性が指摘されている。

加えて、先述した大阪大学准教授の辻大介氏の研究によると、ネット右翼の特徴として、

「ネット上で他者とのトラブルを経験した確率が高い」というものがあるようだ。実はこのような結果は私の分析でも出ており、ネット上で嫌な経験をしたことのある人ほど、炎上に加担するようになる傾向があった。

もちろん、これらの分析だけでは因果関係を特定することは出来ない。つまり、「極端な人」なので周りとトラブルを起こしやすいのか、あるいは周りとトラブルを起こしたから「極端な人」になってしまったのか……これは分からない。

しかしいずれにせよ、そのようなトラブル経験があるにもかかわらず、「極端な人」になっているのは事実だろう。「自分が嫌な思いをしたから、このようなことを他人にするのはやめよう」とはならない。むしろ、率先してやるようになっている可能性すらあるというわけだ。人間とは、何とも悲しい生き物である。

「極端な人」はごく少数

ひとたび「極端な人」がネットで暴れだすと、世界中がその人を攻撃しているように見えてしまう。ＳＮＳは誹謗中傷であふれ、攻撃されている側からすると、まるで世界中が敵になったように見えていることだろう。

しかし、私が２０１４年と２０１６年に実施した先述の実証研究は、ネット炎上の驚くべき実態を示した。何と、炎上１件当たりに参加している人は、ネットユーザの０・００１５％しかいなかったのである。０・００１５％という数字はほとんど見たことがないと思うが、これは大体約７万人に１人くらいの割合だ。

この結果は、２０１４年の２万人調査でも、２０１６年の４万人調査でもほとんど一致していた。大体そのくらいが炎上１件に対して書き込みをする人の割合なのだろう。日本全国のネットユーザ数を考えると、７万人に１人ということは、およそ１０００人が炎上１件について言及しているといえる。

これはツイッターのテキストを分析しても同じような結果を示した。例えば、超大規模な炎上である「ルミネCM事件」では、ツイッターに約１万１０００件の批判・誹謗中傷が書き込まれていた。

このルミネCM事件とは、ルミネがユーチューブ上で公開した動画にまつわるものだ。動画の中で上司役の男性が、主人公の女性の容姿を馬鹿にした挙句、可愛い女性社員と比較して「大丈夫だよ、需要が違うんだから」と吐き捨てる内容が、セクハラ男を無批判で登場させているとして炎上した事例である。なお、炎上を受けて、その後動画は削除された。

一方、女優の藤原紀香氏が、主演するドラマへのインタビューで「底辺にいる藤原紀香が見られる」とコメントしたとして炎上した「藤原紀香バスガイド底辺事件」も見てみよう。この炎上事例では、彼女が演じるのは、職を失い借金に追われ、バスガイドに就職する40代女性の役だったが、これについてバスガイドや40代の独身女性を底辺として扱っているとして批判が集中した。しかしこの比較的小規模な炎上では、ネットニュースになったにもかかわらず、わずか88件しか批判的なツイートはなかった。

大規模なものもあれば小規模なものもある。その平均値をとると、大体1000人程度の参加ということになるわけだ。

「極端な人」は少ない——有識者の間では知られていた

このように、炎上に参加するような「極端な人」が少ないことは、有識者の間では前から知られていたことでもある。

例えば、2ちゃんねる（現5ちゃんねる）の管理人であったひろゆき氏は、「2ちゃんねる上のほとんどの炎上事件の実行犯は5人以内であり、たったひとりしかいない場合もある」と述べている。

　また、動画上にコメントが流れるニコニコ動画でも、コメントが誹謗中傷ばかりになることがある。しかし、運営者の川上量生氏は、サーバのアクセス状況を見ているので批判的コメントを書く人が少数派だということを知っていると述べている。

　同じような見解は、メディア研究家の遠坂夏樹氏も述べており、「ノイジーマイノリティがＴＶと世間をつまらなくする」という記事で以下のように記している。

> ニコニコ動画では時々、罵詈雑言、誹謗中傷のコメントが飛び交う。画面を見て反発が多いと思いがちだが、指定した人の字幕を全て表示しないという設定を行い、数人のコメントを消すと、荒れていた画面がとても平和になる。つまりひどいコメントを書き込む人は、実は少ない。少数の人が悪態の限りを尽くしたコメントを数多く書き込んでいるので、批判が多いと錯覚してしまうのだ。

　さらに、ジャーナリストの上杉隆氏によると、自身のブログが炎上して７００コメント程度ついた際にＩＰアドレスを確認したところ、コメントしていたのはたった４人であったようである。

それだけでなく、近年の私の研究以外の調査・研究も、同じような結果を示している。帝京大学准教授の吉野ヒロ子氏が２０１５年に行った調査では、ネットユーザの１・２％が、炎上において、人や組織に対して批判的書き込みをしたと答えている。１・２％というのは０・００１５％よりだいぶ大きく見えるが、この数字は炎上１件当たりではなく、これまでの経験全てが含まれる数字だ。

文化庁が２０１７年に行った調査でも、炎上を目撃した際に書き込みや拡散をするかどうか聞いた問いに対して、わずか2・8％が「大体すると思う」「たまにすると思う」を選択していた。これは実際にしたかどうかを聞いたものでないうえ、リツイートなどの拡散まで含めているにもかかわらず、３％以下の非常に低い値となっているのだ。

木村さんの事件でも一日最大４００件未満

どうやら、「極端な人」の数がイメージより少なそうというのは、間違っていないらしい。実際、自殺という大きな事件にまで発展した木村さんの事件でも、木村さんのアカウントに来たリプライ（返信）は、一日最大でも４００件未満であり、誹謗中傷に絞るとさらに少なかった。そして、放映後3日も経たずに、一部の粘着質な人を除き、誹謗中傷的な書き込みは鳴りを潜めていたのだ。

その後追加映像がユーチューブで放映されて再び誹謗中傷の嵐に晒される、等で繰り返し攻撃されたものの、同じ人が何度も攻撃していたことも分かっており、攻撃者は他の炎上と同様、およそ数百〜1000人規模だっただろう。1000人と聞くと多そうだが、前述したようにネットユーザ全体からすると非常に小さい割合で、「世界中の人が敵になっている」とは程遠い状態だ。

しかしこれは、「極端な人」が少ないから我慢できる、という話ではない。想像してみて欲しい。自分が普通に生活しているだけなのに、一日数百件の誹謗中傷・攻撃に晒される日常を。あなたはそれを笑って過ごすことが出来るのだろうか。

よく、「芸能人なら強いメンタルを持て」「嫌ならSNSをするな」というような意見を目にすることがある。しかしこれは、いじめっ子の理論と変わらない。もちろん公人になれば多少の批判を受けることはあるだろう。しかし、「極端な人」を野放しにして、人格を否定されるような誹謗中傷に対してサンドバッグになれというのは、あまりにも暴論である。

また、この情報社会においては、SNSを使って人々と交流することは普通のことだ。それをただ楽しんでいただけなのに、自分が強制的に見せられてしまう「直接攻撃」に晒されている人に対し、「ＳＮＳをやめろ」というのもまた暴論だ。彼女は何も、アングラなネット掲示板をわざわざ見に行ってショックを受けたわけではないのである。自分がファンや友人と交流するために作ったアカウントで、大量の誹謗中傷を浴びせかけられたのだ。

同じ人が何度も書き込んでいる実態

このように、「極端な人」がごく少数というだけではない。実は、そのごく少数の中のさらにごく少数の「超極端な人」が、ネット世論の大部分を占めているという事実もある。

例えば、先に書いたサイエンスライターの片瀬さんの事例はいい事例だろう。裁判となった男は、数百のアカウントを作成し、そのアカウントを駆使して次から次へと片瀬さんへの誹謗中傷やデマ流布を繰り返していた。

仮に彼女に対して不快感を抱いたとしても、通常の「極端な人」であれば、せいぜい1、2回投稿して終わりであろう。まさに、「超極端な人」が、大量の攻撃をしていた図式といえる。

また、木村さんの事件でもそのような傾向が見えている。ＮＨＫと共にツイートを分析した結果、木村さんに10回以上リプライを送っている人は、投稿者の中で１・３％だったのに対し、投稿数では14・7%を占めていた。

注意していただきたいのは、これはあくまで投稿者の中で、の割合である。つまり、先ほど述べたとおり、炎上1件にはおよそ0・0015%しか参加していない。その0・0015%のさらに1・3%の人が、彼女への投稿の14・7%を占めていたというわけである。

このような現象は、かなり一般的に起こっている。数学的にはこういったものを「べき乗則に従う」という。べき乗則とは統計モデルの1つであり、ロングテール型の曲線を描くのが特徴だ。べき乗則に従う場合は、例えば投稿回数が最も多い人が60回だったとすると、2位の人は30回、3位は20回、4位は15回……のように、順位に反比例して減少する。[6]

私は2016年に4万人を対象とした調査の中で、現役の炎上参加者に対し、過去最も書き込みをした炎上案件でどれくらい書き込んだかを問うたことがある。つまり、例えば学生がアイスケースに入って炎上した事例に最も書き込んでいた場合、その1件に対して何回投

6　一般的な関数形はf（x）＝Cxのα乗と書ける。この時、Cとαは定数、xは順位である。Cを60、αを1とすると、例示したような、順位に反比例して減少するものが描ける。例えばαを2とすると、1位は60回、2位は15回、3位は7回、4位は4回……となる。

図10　炎上1件当たりの最大投稿回数の分布

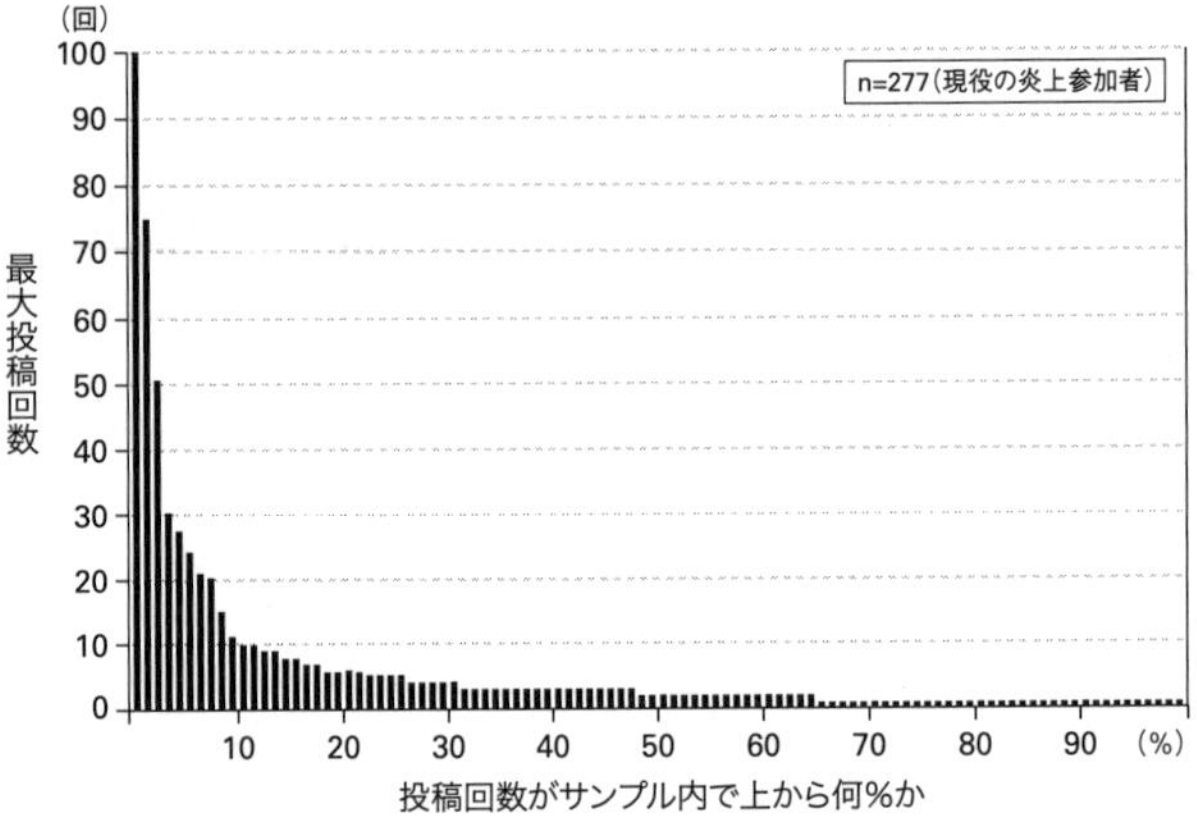

(出所) 分析結果より筆者作成

稿をしたかということである。

その結果、多くの炎上参加者は、1～3回という数であった。イラッとして言及したのであろう。その一方で、少数ではあるものの、50回以上投稿しているという人もいたのである、この回答結果について、グラフにしたものが図10だ。

図10では、左から順にその投稿回数が多かった人を並べており、縦軸は最大投稿回数を、横軸はサンプルの中の割合を示している。例えば、炎上参加者の10%くらいの人は、炎上1件に対して最大10回以上投稿したことがあるということを示している。

これを見ると、先述したようなロングテール型をしており、一部50回以上投稿しているような人もいるものの、ほとんどが1回、2回の投稿となっていることが分かる。執拗な投稿をし、どこまでも追い詰めようとしている人は、ごく少数の「極端な人」の中の、さらにごく少数なわけだ。

自分の中の正義で他人を裁く

炎上に参加しやすい人の特徴が明らかになってきた。しかし気になる点が1つある。それは、なぜこのような人たちが「極端な人」となって過剰な批判や誹謗中傷を書いてしまうのだろうかということだ。

これについては、いくつかの文献で以下のように書かれている。「対象へ反省を求めるというよりも集団でネタにしている」（マルチメディア振興センターの平井智尚氏）、「面白いから参加している」（帝京大学准教授の吉野ヒロ子氏）、「ネットユーザは暇人であり、ユーザ同士妙な連帯感を持ち、クレームや炎上で自らのストレスを発散している」（ライターの中川淳一郎氏）。

これらの中では、おおむね面白いからやストレス発散からといった理由が挙げられている。確かに、私がメディアや企業で話をする中でも、「暇人が面白がってやっている」と見ている人が多いことを肌で感じる。

しかし、２０１７年に私が研究したところによると、どのような炎上事例でも、書き込んでいる人の60〜70％の人が「許せなかったから」や「失望したから」といったような、正義感から書き込んでいることが分かったのだ。これらの動機は、ストレス発散やネタにしているというところからはかなり外れている。

「他人を誹謗中傷したり、極端な言説で罵倒したりすることが正義なのか！」と思う人もいるかもしれない。しかしここで注意しなければいけないのは、これは社会的正義ではなく、あくまで個人個人が持っている軸・価値観での正義感であるということだ。

正義感とは、人によってバラバラである。ある物事を許せる人もいれば、全く気にしない人もいる。ある物事を不快に感じた時に、それがたとえ第三者の全く関係のない人であったとしても批判したり誹謗中傷したりするのが正しいと思う人もいれば、第三者に対してそのようなことをしない人もいる。

結局、「極端な人」というのは、己の中の正義に従って他者に攻撃を加えている、不寛容な人なのである。

そしてもう１つ、そのように正義感から書き込みをしている人は、ストレス発散や楽しみから炎上に加担している人よりも、はるかに多くの数の書き込みをすることも分かっている。それを考えれば、人数の割合で言えば60〜70％であったとしても、炎上においてネット上に投稿している数からするとさらに多くの割合――ほとんどの書き込みが正義感から書かれているといえるわけだ。

使命感にかられる「極端な人」たち

このように、「極端な人」が正義感から書き込みをしているということは、いくつかのインタビューや投稿内容からも明らかになっている。事例で少し見ていこう。

例えば、木村さんの事件で、心無い言葉を書き込んでいた人に対してＮＨＫが取材したところ、このように答えている。

「情けない気持ちというのは自分も持っていて、『情けないな』と思いながら生きている。それを、自分より圧倒的に立場が上でうまくいっている人に『なめているのか』と言われることはバカにされた感覚。『夢もって頑張っているやつを、ある程度成功している人がバカにするなよ』と思う。その声を届けたほうがいいって思う。正義感ですよ、いらぬ」

　このように考えて書き込んでいた20代男性は、自身の病気が理由で大学を辞めていた。そして、コメディアンになる夢に向かってもがいている男性出演者に感情移入しており、彼が木村さんから「人生をなめている」と問い詰められているのを見て、木村さんに反感を抱いたという。

　また、スマイリーキクチさんがデマを根拠に何年も誹謗中傷の被害にあった事例では、毎朝決まった時間に必ず投稿するような人もいたようだ。その人は普通のサラリーマンだったという。そのような行為をしていた理由は、凶悪犯人についてネット上で言及することで社会に貢献できると考えていたかららしい。

　この件では、19名が書類送検されているので、スマイリーキクチさんの自著の中でその動機を様々見ることが出来る。年齢も職業もバラバラの19名の中で、共通していたのが、デマを信じて「正義感からやった」と供述したことであった。

　他に、ＮＨＫが「ＮＨＫスペシャル　私たちのこれから#不寛容社会」という番組を放送した際、「五輪エンブレム事件」で書き込みをしていた人を取材している。

この事件は、デザイナーの手掛けた五輪エンブレムのデザインについて、「ダサい」などの批判が出ていたところ、ベルギーの劇場及びデザイナーから盗作について提訴され、批判が拡大していったものである。テレビでも多く報じられ、最終的に個人情報の拡散と家族への誹謗中傷にまで至り、デザイナーが「人間として耐えられない」としてデザインを撤回することで終幕した。

この事件で書き込みをしていた人としてインタビューに答えていたのは、デザイナーの男性であった。そして、最初は「これはおかしい」と思って軽い批判を書いていたのが、それに賛同して批判する意見がネット上に多くあふれているのを見ていくうちに、どんどん攻撃的で、感情的な書き込みをするようになってしまったようだ。

さらに、「極端な人」が、自分が正しいと思ってやっている極端な行為は、何もネットだけに留まらない。しまむらで店員に土下座させた人も、「従業員の商品管理の悪さの為に客に損害を与えたとして謝罪する〇〇」と写真付きでネットにわざわざ投稿しており、自分の行為が極端な行為だとは思っていないことがうかがえる。自分が正しく相手が間違っていると思っていなかったら、相手が土下座している写真をわざわざネットに上げようとは思わないだろう。

正義による快楽の連鎖

先ほどの主任・係長クラス以上が多いといったような肩書きや、書き込んでいる動機から、炎上の1つの姿が見えてくる。このような肩書きの人は、それなりに知識があり、情報に触れる機会も多い。分析では、ラジオ聴取時間が長いといったような特徴も出ていた。

そのように知識がある中で、政治やジェンダーなど、関心のある問題に対して確固たる信念や、ロジックを抱くようになる。○○は正しい、△△は間違っている……こういったことだ。そして、そのような自分の考えと異なる発言を見た時に、批判をする。批判をするだけならばよいが、ごく一部の「極端な人」は、そこから感情的に人格攻撃までしてしまうというわけだ。

そしてもう1つ、企業の不正行為や、アイスケースに入った学生のような一般人の悪ふざけ、芸能人の不祥事などに対しては、「悪いことをしている人（企業）を叱りつけている」ということがあるだろう。「こんな人・企業には制裁を加えなきゃいけない」「こういうことをする人は教育しなきゃいけない」――こういう気持ちで、心無い言葉を大量に書き込んでいくのである。

「正義中毒」という言葉がある。脳科学者の中野信子氏は、人間は正義感をもとに他人に制裁を科すことに悦びを抱くと指摘している。先述したように、快楽物質「ドーパミン」が分泌されることも影響している。しかし、この快楽に溺れてしまうと、やがて極端に不寛容になり、他人を許さずに正義感から裁くことで快楽を得ようとし続けてしまう、正義中毒になるというわけである。

しかも、この正義感から裁く快楽は、ネットでは現実社会よりも強いものとなる。なぜならば、ネットには自分と同じようにその人・企業を「許せない」と思い、同じように正義感から攻撃を仕掛けている人が少なからず存在するためだ。しかも、それをいつでも見ることが出来る。仲間と共に悪に対して正義の裁きを下している図式になるわけである。

加えて、そのように一部の——それでも数百、数千単位存在する——「罰を与えよう」とする書き込みによって、企業も、一般人も、芸能人も、大きく過剰な社会的制裁を受けることが多い。そのように、自分の言動で相手が社会的制裁を受けているのを見ると、その正義感はさらに満たされ、正義中毒からどんどん抜けられなくなっていくのである。

幸福とは何か

人間が満たされている状態とは何だろうか。多くのお金を稼いでいる時だろうか。仕事で自分のなりたいポストに就いた時だろうか。健康的な時だろうか。

確かに、それらはいずれも幸福度を高めることが、様々な研究から分かっている。しかし、近年の研究では、それらの環境が幸福感に与える影響は限定的であることが指摘されている。どちらかというと重要なのは、自分で何かをなそうとする行動や、違うことをするといったような、自分を主体とした変化のようだ。

そしてもう一つ重要なのは人間関係だ。特に重要なのは家族など親密な人たちとの関係であり、端的にいえば幸福には愛が必要なのである。

よく考えてみればこれも分かる話だ。例えばあなたが今の年収の1・5倍になったとしよう。それはとてつもなく嬉しいことだと思う。しかし、1・5倍になった後しばらく経つと、やがてそれが「普通」になってきて、徐々に幸福感は薄れてこないだろうか。今あなたがいくつなのかにもよるが、今の3分の2の年収しか貰っていなかった若い時期を思い浮かべて欲しい（まだ若い人は、バイトだけしていた学生の頃を想像して欲しい）。その時に比べて、今の自分ははるかに幸福だろうか。おそらくそういう人は少ないのではないだろうか。

結局、人間の幸福とは相対的なものなのである。今よりも多くの収入を得たいと思っていても、それを得た後はさらに多くを得ていかないと、その「幸福感」に慣れてしまうのだ。もっと分かりやすく言えば、今よりずっと物の少なかった40～50年前を想像してみよう。今に比べれば色々不便だっただろう。しかし、今の人たちより当時の人たちは著しく不幸だったのだろうか。

もちろん、そんなことはない。例えば、１９７０年代の自殺率は今と同じか低いくらいであり、自殺者数で言えば今よりも明らかに少ない。内閣府の生活満足度調査でも、今の生活満足度は、統計を取り始めた１９８０年代からかなり下がっている。

満たされていない「極端な人」たち

なぜこんな話をするかというと、「極端な人」たちが満たされているのか、ということを問いたいためだ。主任・係長クラス以上、年収高め――こういうプロフィールを聞くと、なぜそんなに恵まれている人が「極端な人」になるのか、と疑問に思う人もいるかもしれない。

しかし、そのような肩書きと、その人が満たされているかは実はそれほど関係がないのである。家庭内で不和を抱えているかもしれない。いつも同じような日常を送っていて変化がないかもしれない。若い時は目標をもっていろいろ取り組んでいたが、今はただ日々の降ってくる業務に追われているだけかもしれない。このように、人間関係がうまくいっていなかったり、能動的に物事に取り組んでいなかったりする人は、決して満たされているとは言い難い状態なのだ。

常磐道あおり運転事件で逮捕された容疑者からも、そのような傾向が見られる。当該事件の容疑者は会社経営者であり、親族が所有するマンションを受け継いで不動産の管理や賃貸業をしていた。さらに、高級外国車を乗り回し、インスタグラムには高級な飲食店の写真を載せ、ぜいたくな暮らしをしていたらしい。その人が、あおり運転をした挙句、車から降りてきた被害者男性に対して数発殴打を繰り返すような「極端な人」だったのである。

また、先述のとおり、ネット上の「極端な人」の特徴は、クレーマーにも共通する。クレーマーには、社会階層が高いと同時に、自尊感情が高く完全主義的な傾向があり、さらに社会的不満が高いといった特徴があった。その不満を持った状態で、権威をかさに着て、上から物を言うタイプが多いのだ。

以前、私が企業のエグゼクティブ向けに講演をした時に、その聴衆の１人から興味深い話を聞くことがあった。曰く、その人の知り合いの他社のエグゼクティブが、まさにネット炎上に積極的に参加しており、かつ、それを自慢げに「正してやった」と言ってくるらしい。その理由についてその方は、「ある程度成功を収める一方で、定年も見えてくる中、自分の限界が見えてきて不満を感じているのではないか」と考察していた。

人間は様々な理由で不満を抱える。同じ物事でも捉え方によってプラスにもマイナスにもなることが多いが、残念ながらマイナスにばかり捉えるような人もいる。

そうすると、「多くの人に評価されてこの地位になってやりたいことも出来て幸せだ」ではなく、「まだまだ俺は正しい評価をされていないにもかかわらずもう定年が見えてきた」になってしまう。「家族に支えてもらって幸せだ」ではなく「俺のやって欲しいことを100%やってくれない家族は嫌いだ」になってしまう。

「極端な人」とは、一見すると幸せそうに見えても、実は全く満たされていない人たちなのだ。

正義感の裏に不満がある

スマイリーキクチさんは、朝日新聞の取材に対してこのように答えている。

「大半の人に共通していたのは、デマを信じて『正義感からやった』と供述したことです。しかし本当に正義感のある人が集団で、匿名で、誰かを追い詰めるでしょうか。『社会のゴミキクチ』なんて書き込むのが、どこが正義なんだと」

そのうえで、実際に捜査を進めていくと、「離婚して辛かった」「妊娠して不安だった」といったような理由も明らかになってきたようだ。

ここから見えてくるのは、本人たちは自分が正しいと思って、正義感からやったと考えていたとしても、心の奥底にはそれとは異なる、生活や社会への「不満」があるということである。それはこのように他人をバッシングすることにおいて、中々表に出てこず、自覚されない。しかしその奥にはこのように満足していない気持ちがあり、正義感から攻撃を仕掛けることで、その不満を解消しようとしているのだ。

このような現象は、本書でも何回か触れている「自粛警察」や「不謹慎狩り」のメカニズムからも見えてくる。社会が不安定になり、自分も大きな不安を抱える中で、「極端な人」となる人が増え、ネット上に誹謗中傷が増える。書き込んでいる人は、あくまで相手が悪いから攻撃していると考えている。

しかし実際には、そのように他者に制裁を加えることで、不安を解消してくれるような、いくばくかの満足感を得ようとしているのである。

第４章

「極端な人」が力を持つ社会でどう対処するか

ネットの匿名性が悪なのか？

「極端な人」は少数ではあるが、その社会的影響力は計り知れない。ネット言論の多くの部分をしめ、まるでマジョリティのような顔をしている。そして、何か不快に感じることがあると多くの誹謗中傷によって攻撃を行い、その人や企業が過剰な社会的制裁を受けるまで攻撃の手を緩めることはない。

このような「極端な人」に対して、社会はどのように付き合っていけばよいのだろうか。何か対処する方法はあるのだろうか。

よく耳にするのが、ネットの匿名性が悪いという点だ。確かに、匿名のアノニマスとなり、集団でバッシングしている中に自分も紛れ込んでいれば、一方的に攻撃をすることは容易そうに感じる。

その一方で、攻撃されている著名人や企業は特定されている状態であるし、一般の個人であってもすぐに個人情報を特定されることも多い。そもそも、個人が匿名だったとしてもアカウントは1つであり、攻撃者が1000人もいたら、誰にどう反論すればいいかも分からない。ただただサンドバッグになるしかないのである。

となれば、匿名が誹謗中傷の心理的ハードルを下げ、「極端な人」を生み出している可能性は高い。ネットを現実社会と同じような実名制にすれば、このような「極端な人」は、ネットから消えていくのではないか――。

実際、私がテレビなどのマスメディアに出ると、そのように考えている人が多いように感じる。特に名前を出している著名人は、そう信じている傾向が強い。

このように匿名性が攻撃的な発言の増加をもたらすということは、古くから研究でも指摘されていた。典型的なのが、心理学を専門とするカーネギーメロン大学名誉教授のサラ・キースラー氏らの研究である。

この研究は１９８４年とかなり古いが、コンピュータを介したコミュニケーションと対面コミュニケーションでの違いが、グループの意思決定プロセスと決定内容に与える影響を検証した研究だ。そして分析の結果、匿名性が攻撃的な発言を増加させる要因の１つとなっていることを突き止めている。

「実名制にすれば解決」は間違い

しかし、その研究発表から20年も経った後、壮大な実証実験の結果、ネットを実名制にすることの効果が、かなり限定的であることが分かった。その実証実験の舞台となったのは、お隣の韓国である。

実は、韓国では、インターネット実名制（制限的本人確認制度）が導入された実績がある。具体的には、大手掲示板等のサービス運営者は、住民登録番号を利用した実名確認と、クレジットカードや携帯電話を利用した本人確認を行うことが義務付けられた。日本にもマイナンバー制度が導入されたことにより、韓国と同様の施策が可能になったといえるだろう。

このような制度が韓国で導入された理由は、先述したように、韓国では日本に先駆けてネット上の誹謗中傷や炎上が深刻な社会問題になっていたということが挙げられる。

しかし、東京大学（論文公表時）の柳文珠氏の実証研究によると、制度導入前後で通常の掲示物数は大幅に減少していた一方で、誹謗中傷的な掲示物の割合は少し減るようなケースもあったが、サービスによってはほとんど変化が見られなかったものもあった。

また、このような研究結果は他にも出ていて、大韓民国放送通信委員会の報告によると、悪意ある書き込みの割合は13・9％から13・0％に減少したということである。国の機関である大韓民国放送通信委員会は、これを以てして「効果があった」と主張していたのだが、ほとんど誤差の範囲と言っていいだろう。

注意しなければならないが、これはあくまで誹謗中傷・悪意ある書き込みの「割合」であって、絶対数ではない。通常の書き込みも減少したことを考えると、当然ながら絶対数は減っている。

しかし、人々の表現が大幅に萎縮してしまったことを考えると、社会的に望ましいとは言い難いだろう。結局、「政府が監視しているかもしれない」と感じると、人々は自由な発信が難しくなってしまうのである。匿名で発言し合える空間があることの価値は計り知れない。

大阪成蹊大学准教授の千代原亮一氏は、そもそも、ネットが思想の自由市場ないしは公開市場であると考えた時、表現の自由の保障という観点から、このような匿名性の強制的撤廃は違憲である可能性が高いと指摘している。実際、韓国の同制度は、２０１２年に違憲判決が出され、廃止されている。

実名制にしても駄目なのは「正義感」だから

これを意外な結果だと思った人も多いだろう。しかし、このように「極端な人」が実名制でもめげない理由は、彼らの書き込んでいる動機に注目すれば見えてくる。

結局、誹謗中傷を書き込んでいる人の多くは、許せない・失望したなどと感じており、自らの正義感から書き込んでいるのだ。自分は正しく、相手は間違っている。そのような場合に、果たしてネットが実名制になったからといって書き込むのをやめるだろうか。

そのような書き込みをする人にとって、間違ったことをした人や企業というのは何を言っても・何をしてもいい相手であり、行き過ぎた誹謗中傷や個人情報の流布も気にしない。実際、誹謗中傷を書き込むような「極端な人」には、「相手の意見が間違っているなら、どこまでも主張して相手を言い負かしたい」といった考えを持っている人が多いことが分かっている。

そしてもう1つが、正義中毒という概念である。中毒になって、それで不満を解消しているような人が、ちょっと実名制になったからといって、果たしてその快楽に抗うことが出来るだろうか。自分の正義の鉄槌によって相手が社会的制裁を受ける様は、それほどまでに美味なのである。

もちろん、先ほど書いたように絶対数は減っているので、それで言論空間から撤退する「極端な人」もいただろう。しかし、凝り固まった強い信念を抱いている「極端な人」ほど、その程度の法施行ではめげないのである。

実名制のフェイスブックを見ていると、この現象の一端を知ることが出来るかもしれない。

フェイスブックでは、とりわけニュースに対するコメントなどで、ひどい誹謗中傷や、極端に右翼的・左翼的な投稿を見かけることがある。あるいは、特定の人や記事にしつこくかみついている人もいる。彼らはもちろん実名で書いているわけで、こういったことからも匿名性を廃止すれば「極端な人」がいなくなる、と考えるのは早計だと想像できるだろう。

このように、何かを規制する法律を検討する際に重要なのが、「他に手は尽くしたか」「効果の対象を絞り込めるか」の2点である。このようなネット実名制は、ネット全体に効力を発揮してしまうため、明らかに対象を絞り込めない。どうしてもデメリットが際立ってしまうのだ。

罰則強化による抑止は可能か

では、名誉棄損罪の非親告罪化などの、罰則強化はどうだろうか。名誉棄損罪というのは、現行法では親告罪である。つまり、被害者の告訴がない限り、検察官が公訴を起こすことは出来ないようになっている。一方、非親告罪化というのは、そういった条件を廃止して、告訴がなくとも裁判にかけられるようにすることをいう。

これは、「極端な人」のターゲットにされた被害者が、告訴しにくいという現状を鑑みれば有効そうな手段に見える。なぜ告訴しづらいかというと、例えば著名人であれば、一般人相手に裁判を起こすだけでイメージ低下に繋がるリスクがある。好きに裁判すればいいと言いたいところであるが、人によっては裁判をするだけで世間からの評価を下げるような人も少なからずいるのだ。企業も同様の理由で、中々裁判に踏み切ることが出来ない。

一般人も別の理由から、ほとんどの場合、法的手段をとることがない。一般人が多くの「極端な人」のターゲットにされる時、たいてい一般人の側に何かしら非があることが多い。例えばコンビニのアイスケースに入ってみたり、バイト先に有名人が来たという情報をネットに上げてしまったり、とかだ。

このような場合は、「誤ったクリーンハンズの原則」が働くと、弁護士の板倉陽一郎氏は指摘する。クリーンハンズの原則とは、簡単にいうと、法律の保護を求めて裁判という手段をとる者は、綺麗な手でなければいけないということである。

つまり、「極端な人」の被害にあっている人は、「私も良くないことをしたし……」という心理が働き、行き過ぎた誹謗中傷に対しても法的手段をとることが出来なくなってしまっている。そして、裁判という手段をとろうものなら、「極端な人」はさらに過熱して、その被害者を叩きかねない。

これらをサポートする罰則の強化は、かなり良い政策に思える。さらに、「極端な人」はごく少数であることが分かっているので、そこにピンポイントで効果を発揮するこのような政策は、先ほどの法律の条件である「効果の対象を絞り込めるか」という点も満たしていそうだ。

法律による規制は10年20年後を見通す

しかしこれも、実は大きなリスクを抱えている。それは、スリッパリー・スロープ（滑り落ちる坂）という問題だ。スリッパリー・スロープとは、類似した行為が連鎖的に行われ、だんだんと道徳的に許容できない行為がなされる現象のことをいう。

様々な分野で指摘されるものであるが、今回のケースで考えてみると、まず誹謗中傷対策として、名誉棄損罪の厳罰化がなされるとする。非親告罪化でも、罰則を強化するような施策でもよい。おそらく、施行された直後は、非常によく機能し、ネットを中心とした誹謗中傷に対して適切に運用されると考えられる。

しかし、元来誹謗中傷とは線引きの難しいものだ。適切な批判まで出来ない世の中になってしまったら、それこそ表現の自由の侵害である。このように、批判と誹謗中傷の線引きが

図11　スリッパリー・スロープでの表現弾圧の流れ

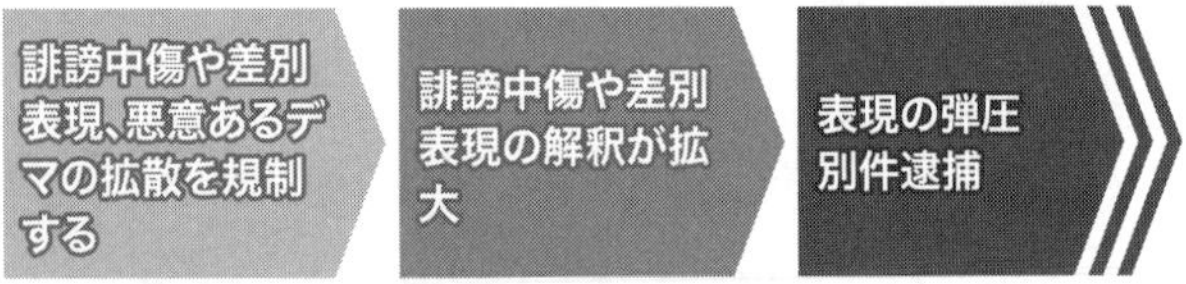

（出所）筆者作成

難しい投稿が多いことは、木村さんの事件でも指摘されている。

　このような場合に法律によってそれを強く規制してしまうと、いまはごく限られたものを対象としていたとしても、解釈が拡大され、やがて政権に批判的な情報を手当たり次第に取り締まることに使われる可能性がある（図11）。

　10年、20年、30年後に強権的な政権が生まれ、政敵の言論や国民の言論を取り締まることに使われないと、誰が保障できるだろうか。法律を検討する時には、そのように先の先まで考えて慎重に行わなければいけないのである。

　実際、諸外国ではそのような問題が起こり始めている。例えばマレーシアでは、偽ニュース対策法を施行していた。この法律では、虚偽の情報を発信した個人や企業幹部に対し、罰金や禁固刑を科していた。しかし実態としては、当時のナジブ政権がこの法律に基づいて政敵を調査対象とするなど、強権的な手段として活用していたのだ。なお、これは政権交代後、２０１９年に廃止が決まった。

同じような話は、ロシアでも起きている。ロシアでは2019年にフェイクニュースを取り締まる改正法が施行され、さらに新型コロナウイルスに関連するデマの拡散を背景に、その罰則を強化した。

ハンガリーでは、強い権力を握るオルバン首相が、新型コロナウイルス対応で非常事態法を導入した（後に撤廃）。当該法律では、新型コロナウイルス関連で虚偽の情報や流言を流布した場合、最高5年の禁固刑に処される。何が虚偽の情報や流言なのかは、政府が判断するのだ。

いずれの例も、政権による悪用が懸念されている。

フェイクニュースもまた、誹謗中傷と同様に線引きが極めて難しい問題である。真実とは本来、まぎれもなく起こっていることや、科学的に唯一無二の現象であってしかるべきだと思うだろう。だが現実には、真偽を判断するのが人間である限り、誰が判断するかによって何を真実とするかの認識そのものが異なる事態は避けがたい。

そのため、「都合の悪いものをフェイクニュースと批判する」という現象まで起きている。その典型が米国大統領のトランプ氏である。トランプ氏に関しては、先に書いたとおり、選挙期間中に氏に有利なフェイクニュースが3000万回もシェアされたことが分かっており、

「フェイクニュースで勝利した」とも揶揄《やゆ》される。

その一方で、彼は米主要メディアによる自身への批判に対して、「フェイクニュースだ」と何度も反論し、支持者にも「フェイクニュースを信じるな」と呼びかけているのだ。「フェイクニュースによって勝利した」と報じられるトランプ氏が、自分のやり方に反対の姿勢を示すメディアを「フェイクニュースだ」と批判している構図であり、いかに線引きが難しい問題であるかが分かる。

我々が謳歌している表現の自由というものは、実は絶妙なバランスの上に成立している。線引きの難しいものを安易に法規制に委ねてしまうと、非常に生きづらい社会になるかもしれないのである。

サービス事業者を法律で縛ればよいか

もう1つ考えられる対策として、サービス事業者に法律で様々な義務を課すというものがある。ここでいうサービス事業者とは、ツイッター、フェイスブック、グーグル、ラインなどのネットサービスを提供している企業だ。そもそもこれらのサービスで誹謗中傷が書かれているのだから、削除対応などを積極的に実施してもらおうという発想である。

このような政策は、共産主義国家や軍事政権下で多くとられている。例えばベトナムでは、ソーシャルメディアだけでなく個人のウェブサイトなども対象とした法規制がある。ＳＮＳやウェブサイトの設置は免許制かつ、国内にサーバを設置することが義務とされ、ネットで提供・利用できる情報も制限されている。さらに、政令に違反する情報はすぐに削除せねばならず、削除・ブロックに関する当局との協力義務も負っている。

タイでも、軍事政権下だった２０１４年に、ウェブサイト監視やコンテンツ遮断を目的とする委員会が設立されていた。そして、当局が24時間オンラインの利用状況を監視し、ＳＮＳ運営企業と連携して情報の削除などを実施していた。

ここまで見てくると民主主義国家以外での現象に思えるかもしれないが、近年は、ネット上のヘイトスピーチが社会問題になっていることなどを背景に、民主主義国家でもサービス事業者（プラットフォーマーともいう）に強い義務を課そうという動きが活発化している。

典型的なのが、ドイツのネットワーク執行法（ＮｅｔｚＤＧ）であろう。この法律では、「侮辱などの違法な内容がある」とユーザから報告された場合、大手サービス事業者は直ちに違法性を審査し、違法だと判断されるものは24時間以内に削除することが定められている。さらに、対応が十分でないと見なされた場合、最高５０００万ユーロまでという、巨額の過料が科せられる。民主主義を採用している先進国の中では、ＳＮＳ規制として最も強い例といわれる。

これは確かに効果がありそうである。誹謗中傷の被害にあった人の中には、「サービス事業者が投稿の削除に応じてくれない」といったことに悩む人も多い。サイエンスライターの片瀬さんの事例からも分かるだろう。事業者側が迅速に対応してくれればそのような悩みも解決するかもしれない。

オーバーブロッキングの危険性

しかし、これにも大きく２つの課題がある。まず、他国の一企業のスタッフが言論の違法性を検証することの危険性だ。

24時間以内に削除するに当たっては、当然サービス事業者が独自に違法性を検証する必要がある。しかし、それを判断するのは、あくまで民間企業の一介の社員である。加えて、多くのＳＮＳは海外（主に米国）企業が運営しており、他国の企業が自国（例えば日本）の法律を解釈して違法性を検証するということになる。

もう１つは、罰金を逃れるために、安易に違法と判断して過剰に削除するインセンティブが働くことである。これをオーバーブロッキングの問題という。

多額の罰金リスクを抱えるサービス事業者は、出来るだけその対象とならないように、適切に対応しているということをアピールしたい。そうすると、違法性があるかどうか怪しいものまで削除し、とにかく「削除対応が不十分である」という状態にしないようにするというメカニズムが働いてしまう。

要するに、言論の場である自分たちが、言論の自由を出来る限り擁護しようということよりも、目をつけられないように安易に違法と判断して削除してしまう可能性があるということだ。

誹謗中傷的投稿が消されるならいいじゃないか、と思うかもしれない。しかし、先に書いたとおり、誹謗中傷と適切な批判の線引きは難しい。過剰に削除するということは、真っ当な意見すらも削除されるリスクがあるということだ。

実際、２０１８年にＥＵが発表した調査結果では、ドイツにおいて違法なヘイトスピーチに関する内容で削除されたものの割合は１００％に達したようである。ＥＵ全体として70％と高めであるが、その中でもドイツの１００％という数値は突出している。この結果について、欧州委員のベラ・ヨウロバ氏は次のように指摘している（日本ネット輸出入協会のまとめより)。

ドイツでは厳しい罰則の危険があるためできるだけすぐに除去する。ドイツの法律の抑止効果は機能しているが、もしかしたらよく機能しすぎるかもしれない。私自身としては、これを全ヨーロッパに望みたいかは、分からない。

とかく日本人は、このような場合に法規制、あるいは政府に解を求めようとしがちだ。例えば、私の研究チームが2019年に調査したところによると、フェイクニュースに対して「法規制が必要である」というように回答した人が75%存在していた。しかし、マレーシアやロシアの事例を見て、本当に法規制が正しいと思うだろうか。

また、新型コロナウイルスに関連してNHKが世論調査を行ったところ、「政府や自治体が外出を禁止したり、休業を強制したり出来るようにする、法律の改正が必要だと思う」と考えている人が62%いることも分かった。全体主義的な傾向の強い日本人らしい回答結果ともいえる。

しかし、これまで見てきたとおり、法規制には様々なリスクが存在する。お上による規制を望む前に、出来る限り自分たちで考え、行動していくことが、ひいては社会全体の自由の保障に繋がる。もちろん、その自由の裏には責任があることを忘れてはいけない。

被害者に寄り添う法律が必要

では、法律で何が出来るのか。１つ考えられるのは、規制ではなく「被害者に寄り添う法律」を検討するということだ。

現在、ネットで誹謗中傷にあった人が訴訟を起こすハードルは極めて高い。訴えるためにはまず発信者情報開示請求ということをしなければいけないのだが、これが何段階にもわたっている。

まず、投稿者のＩＰアドレス（ネット上の住所のようなもの）の開示請求を行う（仮処分）。次に、その情報をもとに、裁判で氏名や住所の開示請求を行う。その結果勝訴すれば、やっと氏名や住所が開示されるのである。ここまででなんと3か月〜1年ほどかかる（図12）。

さらに、言うまでもなくこれだけでは終わらない。これはまだスタート地点に過ぎず、ここから個人が特定された相手との、名誉棄損罪などを根拠とした、損害賠償請求に関する裁

図12　発信者情報開示請求の流れ

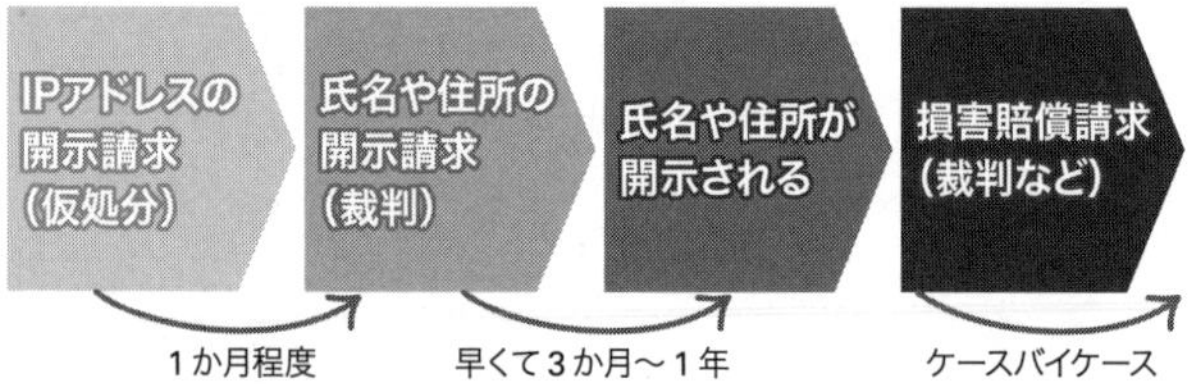

（出所）弁護士ドットコムより引用
https://www.bengo4.com/c_23/n_11269/

判が行われるのである。時間だけでなく費用も高く、弁護士費用などで１００万円以上かかってしまうケースもある。

実際、本書でもたびたび例に挙げているサイエンスライターの片瀬久美子さんは、相手の特定までに１年かかったことを回想している。そのうえ、苦労して勝訴した裁判結果の賠償金が未だに１円も払われていないのだから、その心情は察するに余りある。

そう、今の状況は、明らかに被害者に不利過ぎるのである。さらに、大量の誹謗中傷の被害者となっているような人は、心に大きなダメージを負っている場合も多い。片瀬さんも、自分を誹謗中傷するような投稿を証拠として集め、保存する作業は苦痛以外の何物でもなかったと述べている。そのような状況で、長期間にわたり闘っていくことが、どれほど大変なことだろうか。

だからこそ、今求められるのは安易な規制よりまず先に、被害者に寄り添う法律改正なのである。

そのような声を受けて、総務省も動いている。木村さんの事件の直前に立ち上がった「発信者情報開示の在り方に関する研究会」は、まさに発信者情報開示請求の手順を簡略化したり、より多くの情報が開示されたりするように、法律を改正していこうという動きだ。このような動きを加速させていくことが、被害者救済に繋がっていくだろう。

そしてもう1つ、このような法改正は、規制ではないにもかかわらず実際には「抑止効果」も期待できると私は考えている。つまり、被害者が訴えやすくなったことによって訴訟リスクが高まるので、心無い誹謗中傷を安易に書き込む動きが鈍化するということだ。

この予想にも1つのエビデンスがある。それは、木村さんの事件で、木村さんが亡くなった後に、なんと彼女に加えられていた攻撃的な投稿のうち、60%ほどが削除されたということだ。

先述したように、誹謗中傷を書き込んでいる人は自分が正しいと思って書いているため、実名制にしても中々その手を緩めようとしない。しかし、いざ被害者が亡くなって、自分が訴えられる可能性が出てくると、途端にコメントを削除して逃げようとしたのである。

このことはまさに、訴訟リスク・賠償リスクが実際にリアルになってくると、大半の人は誹謗中傷を投稿するのをやめるということを示しているだろう。

民間発信での取り組みの必要性

「極端な人」への社会的対処というと、すぐに法律が頭に浮かぶが、同時に民間発信での取り組みも欠かせない。特に、これからサービス事業者の様々な取り組みを社会実装していくことが重要になってくるだろう。

もちろん既に、多くのサービス事業者がネットの健全化に向けた取り組みを実施している。例えばヤフーであれば、禁止行為の明示や、「表現の自由は無制限ではない」ことをヤフーニュースコメント欄の分かりやすい場所に表示することなどを実施している。さらに、人工知能と専門チームの目視によって、建設的度合いの高いコメントを優先して表示するようなコメントの並び替えや、不適切な投稿に対する対応を実施している。

ツイッターも、発信者情報開示への対応などを「透明性に関するリポート」としてまとめて定期的に公表している。そして、アルゴリズムを活用したり、担当者を増員したりすることで対応している。

さらに、ツイッター、ライン、フェイスブックなどが参加するソーシャルメディア利用環境整備機構（ＳＭＡＪ）は、木村さんの事件後すぐに緊急声明を出し、「禁止事項の明示と措置の徹底」「取組の透明性向上」「健全なソーシャルメディア利用に向けた啓発」などを発表している。

木村さんの事件を受け、政府も様々な発表をした。高市総務相は記者会見で、「どのような手段であれ、匿名で他人を誹謗中傷する行為は、人として卑怯で許し難い」「制度改正を含めた対応をスピード感を持ってやっていきたい」などと述べた。

ＳＭＡＪの動きは、そのような政府の動きもある中で、民間でやれることは民間でやり、そのうえで、不十分な部分を捜査機関への協力、政府・関係団体との連携でやっていくべきだという理念も関係しているだろう（東京大学教授の宍戸常寿氏の取材での発言より。氏はＳＭＡＪ代表理事も務めている）。

ただし、先ほどの情報開示プロセスの簡略化についても、あまりに簡略化し過ぎて誰でも気軽に出来るようになってしまうと、正当な批判や法的に裁かれるようなケースでない場合も特定され、個人情報が拡散されるようなリスクも生まれてくる。そのようにユーザの匿名性が不当に剥がされれば、やはり表現の自由への大きな影となる。そのバランスは難しい。

今後官民連携の議論を、慎重に、それでいてスピーディにしていく必要があるだろう。

人は少しハードルを上げるだけで思いとどまる

　これらの取り組みと同時に、サービス内での「システム」によって、ある程度より豊かな言論空間を創設することは可能であると私は考えている。

　例えば、攻撃的なメッセージを送ろうとすると、自動で本当にそのメッセージを送るのかシステムでアラートを出すという仕組みが考えられる。

　ネットで誹謗中傷があふれる理由の1つに、「気軽さ」がある。これまでであれば、何か不快に感じたことがあったとしても、それを友人や同僚に話すのにはかなりのハードルがあった。出かけて、直接会話の機会を設けなければいけないし、その話を相手は知らないかもしれないので、一から説明しなければならない。家族であっても、友人や同僚より楽とはいえ、やはりわざわざ自分の部屋を出て、その話題を切り出し、会話しなければいけない。

　つまり、「情報を受けてから発信するまで」のハードルが高かったのだ。しかしこの情報社会においては、何かを感じてから手元のパソコンやスマートフォンで書き込むまでにはほとんどハードルはない。パソコンで情報収集をしていたならば同じパソコンを使ってSNSからすぐに投稿できるし、それをしやすくするようなボタン（シェアボタン）を用意しているウェブサイトも多い。

スマートフォンについても同様である。仮にテレビからの情報であったとしても、最近はスマートフォンでSNSをやりながらテレビを見るようなスタイルの人も増えてきているので、やはりテレビを見ながらそのまま投稿するのは容易い。

そう、今の情報環境というのは、あまりにも発信のハードルが低いのである。それに加え、不快に感じた相手に対して「直接攻撃を加える」ことも容易い。言ってしまえば、私も、あなたも、一国の大統領に対してでさえ、10秒かからずに攻撃的なメッセージを送れてしまう。それがSNSなのだ。

だから、その投稿のハードルを、システムによって少しだけ上げる。しかもハードルを上げているだけで強制的に削除しているわけではないので、サービス事業者による言論のコントロールにもならない。

このシステムの効果が高いことが、実は実際のサービスによって示されている。学生であるトリーシャ・プラブ氏は、ネットのいじめやヘイトスピーチに心を痛めていた。そこで開発したのが、リシンク（Rethink）というサービスである。直訳すると「考え直す」「思い直す」といったところだろうか。

このサービスでは、メールやフェイスブック、ツイッターなどのサービスで、ユーザが誰かに攻撃的な投稿をしようとすると、それを検知して「本当にこの内容を送りますか？」というメッセージを表示する。一度アプリをダウンロードしておけば、様々なＳＮＳでその機能は作動する。

検知なんて出来るのか、と思う方もいるかもしれないが、今の人工知能技術であればおおかたのことは分かる。

例えばヤフーであれば、無料のサービスとして、「ヤフー！リアルタイム検索」内において、ツイッターユーザの反応がネガティブかポジティブか判定する「つぶやき感情分析」を提供している。つまり現在では、テキストを分析してその感情を予測することも出来るのだ。そのような技術があれば、投稿しようとしている内容が誹謗中傷的かどうかも、かなり正確に予測することが出来る。

そしてなんと、これを実証実験した結果、メッセージが表示されることによってティーンエイジャーの93%が、ＳＮＳへの投稿を思いとどまったらしい。皆、それほど気軽に誹謗中傷を投稿しているのだ。

木村さんの件でも、書き込みをしていた男性は、木村さんが亡くなった後のＮＨＫのインタビューにこう答えている。

「どこに加害者がいるんだ、自分じゃないかと思った。自分も群衆の中のひとり、少なからず。同じ方向を向いて歩いていたので、俺の言葉は誰かを傷つけるんだと、みんな思っていないといけないなと思って」

結局、相手が亡くなるまで、自分が加害者となっていることに気付けなかったのだ。

「見たくないものを見ない自由」の保障

もう1つ、被害者側からのアプローチも考えられる。弁護士の徐東輝（とんふぃ）氏は、「見たくないものを見ない自由」の保障ももっと語られるべきだと指摘している。これは、情報のあふれる現代においては、自分が受信する情報は自分の手でコントロールできるようにすべきという発想である。

現在でも、既にツイッターなどのサービスではブロック、ミュートなどの機能がある。交流したくないユーザはブロックすればいいし、聞きたくない単語があればその単語を指定してミュートしたり、ユーザ単位・ハッシュタグ単位でミュートしたりすることも可能である。しかし現実には、例えばブロックしても別のアカウントを作って攻撃的なメッセージを送ってくるユーザも少なくない。また、単語でのミュートも一々設定しなければならない挙句、誹謗中傷にも通常の投稿にも使われるような単語は指定しづらい。さらに、人によっては個別ユーザをブロックしたり、ミュートしたりすることに抵抗感のある人もいるだろう。

そこで求められるのが、より簡単で、なおかつ「人をブロックする」といった行為でない、心理的抵抗感のより少ないシステムだ。

例えば、メッセージの誹謗中傷度を判定し、それぞれのユーザがどのレベルの誹謗中傷を見たくないか設定できるようなシステムが考えられる。誹謗中傷をとにかく見たくないという人は最も強いレベルで見えなくするような設定にすればよいし、誹謗中傷なども含めてすべての投稿を見たい人は設定をオフにすればよい。

メッセージの判定は、リシンクのように既に可能であることが分かっている。このように単語ではなく、文脈まで踏まえた解析によって一括でミュートすることをユーザが選択できるようになれば、（自分に向けられているかどうかにかかわらず）攻撃的な投稿をそもそも見たくない人も、それを自分の意思で選択することが出来るだろう。

　また、ユーザによってどれくらい各所で誹謗中傷的な投稿をしているか判定し、そのような人の発した投稿を見えなくするような設定を、やはりユーザ自身が出来るようにするというのもあり得るだろう。まさに、「極端な人」を、自分の意思で選択して見えなくするわけである（もちろん、見たい場合は見ることも出来る）。

サービス事業者以外も適切な対処を

　このような民間発信の対策が必要なのは、何もネットサービス事業者だけの話ではない。メディアや芸能事務所など、多様なステークホルダーが取り組んでいく必要があるだろう。

　例えばマスメディア、とりわけテレビであれば、木村さんの事件の発端となったコンテンツを制作していたことや、炎上を多くの人に拡散しているという点において、ネットの誹謗中傷と密接に関わりを持っている。しかし、この情報社会においては、批判を煽って視聴率を稼ぐビジネスモデルは、悲劇を生み出す可能性も高い。

　そのため、ビジネスモデルの転換を求められているといえるだろう。今、とりわけ既存のマスメディアは、ネットに押される中で生き残り戦略を模索している最中だ。その戦略が、より批判を煽り、ＳＮＳでユーザが批判的にそれを取り上げることで広め、広告費を稼ぐというビジネスモデルでいいのだろうか。

　それは短期的には利益を生むかもしれない。しかし、中長期的な目線に立てば、このようなことを繰り返せばやがてメディアの責任を追及する声が強くなっていき、人々のメディア離れが起こったり、過剰な政策的規制が導入されたりする可能性もある。

　このようにネットが立ち上がってきている時代だからこそ、意見の多様性を意識して問題点を明確にして冷静な議論を呼びかける、丁寧な取材から真実を明らかにしていく、などの「情報の質」に重きを置くビジネスに立ち戻ることが重要なのである。

　そしてこれはメディアにも芸能事務所にも言えることであるが、著名人がいつでも直接攻撃されるリスクがある中で、従来以上に事務所に所属する人々を守る取り組みが必要だろう。

　例えばネットで様々な動画コンテンツを配信しているアベマＴＶは、木村さんの事件直後に出演者向け相談窓口を設置した。そして、出演者がインターネットやＳＮＳ上での誹謗中傷や嫌がらせを受けた場合に、証拠の収集・精査や個人情報の開示請求、警察への被害届の提出、訴訟手続きなどの法的手続きを弁護士事務所と連携しながら行うことを発表している。

　被害者が訴えるコストが高い現状で、このような取り組み・サポートは大きな力となるに違いない。

第5章 「極端な人」にならないための5箇条

極端であることの罪

ネット上の様々な事件が報道されるたび、あなたは、「今時の若いもんは……」と感じていたかもしれない。しかし、「極端な人」の正体が、必ずしも若くてネットばかりやっている人とは限らないということはこれまで見てきたとおりだ。そう、私も、あなたも、誰でも「極端な人」となり、他者に攻撃を仕掛けてしまう可能性はあるのだ。

さらにいえば、こういった「極端な人」は、何もネットが普及して突如現れたわけではない。もちろん、エコーチェンバーやフィルターバブルによってある程度ネットが極端化している可能性はある。しかしそれ以上に、社会に存在していた少数の「極端な人」が、ネットというツールを得て社会全体に影響力を及ぼすようになったと考えた方がいいだろう。

あなたの周りにも、極端で攻撃的で、不寛容な上司、同僚、友人が1人はいるのではないだろうか。そういう人たちが、ネットというツールを持つことで、過剰な発言権を得たのである。

第4章では、「極端な人」について、社会としてどう対処するかを考えてきた。けれども、最も持続可能で、かつ、効果的な対処方法というのは、一人一人が「極端な人」にならないように注意する、ということだ。

何事も極端になると、他者に迷惑をかけたり、社会に悪影響を及ぼしたりするものだ。例えば、新型コロナウイルスでの自粛警察も、家族に対して「こういう時期だからあまり外出しない方がいいな」というのは良いことだ。しかし、それを見知らぬ他人に向け、怪文書を貼ったり脅迫電話をかけたりするのは、まさに極端であるが故の害悪だ。

政治もそうである。右も左も、当然あるべきだ。そして、それぞれの意見を持つ人たちが、冷静に議論を重ねて合意形成を図っていくことはとても意義のあることだろう。しかし、極端に右になったり左になったりしてしまえば、相手を罵倒したり、人格を否定したりといった行為をして、全否定するようになってしまう。適切な批判と、頭ごなしに否定することは全然違う。ましてや人格否定は明らかに議論の域を超えている。

炎上もそうだ。コンビニのアイスケースに入った学生を見て「何やっとるんだ」と思うのは自然なことだ。木村さんの事件も、番組内容を見て不快に思う人もいれば、思わない人もいるだろう。そこには多様な人がいるのだから当たり前だ。

しかし、心の中で不快に感じるのと、赤の他人に対してネット上で誹謗中傷を書き込むのとでは、その意味はまるで異なる。そのように極端になると、やはり過剰な社会的制裁や、被害者の心理的負担の増加、さらには表現の萎縮といったような、様々なネガティブな効果をもたらしてしまうことになる。

「極端な人」にならないための5箇条

これまで見てきたようなネットの特性上、「極端な人」を抑制するというのは、非常に困難だ。能動的な発信しかないからこそ「極端な人」があたかもマジョリティであるかのように見えるわけだし、かといってそれを規制しようとすると「極端な人」以外への影響も甚大になってしまう。

一番重要なのは、我々自身が「極端な人」にならないことなのだ。そしてそれには、次の5箇条が効果的である。

①情報の偏りを知る
②自分の「正義感」に敏感になる
③自分を客観的に見る
④情報から一度距離をとってみる

⑤他者を尊重する

たった5つ。この5つを守れば、あなたはきっと「極端な人」にはならないだろう。以下、これらを順に見ていく。

①情報の偏りを知る

まずは、自分の接している情報の偏りを知ること——これは最も重要なことである。ネットには極端で否定的な意見が書かれやすいというバイアス（偏り）が存在する。さらに、誹謗中傷が多く書かれているように見えても、ネットユーザ全体から見れば、実はごく少数の意見である。加えて、そのごく少数の中のさらにごく少数の人が、大量に書き込みをして「ネット世論」を作り上げているのだ。

こういったことを、本書ではエビデンスベースで示してきた。まずは、このようなネットの特性を覚えておき、適切に自分の頭で判断することが大事だ。そうすれば、他人からの攻撃を受けている人を見ても、「自分も許せなかった。同じように攻撃しよう」と考えるのではなく、「これはもしかしたらごく少数の偏った意見かもしれない。冷静になろう」と考えられる。

さらに、ネットには選択的接触という問題もある。つまり、アルゴリズムや、自分の検索しているワードなどから、人々は自分の見たい情報ばかり見てしまっているということだ。自分の接している情報がすべてではないということは忘れてはいけない。

そして、情報は偏っているだけでなく、デマやフェイクニュースが流れていることも少なくない。もちろんマスメディアも誤報を出すことはあるが、情報量の圧倒的に多いネット空間では、今までよりはるかにデマやフェイクニュースが多い。

例えば、新型コロナウイルスに関連して、「4月1日に東京がロックダウン（都市封鎖）される」「26度から27度のお湯を飲めばコロナウイルスを防げる」といったデマを目にした人も多いのではないだろうか。総務省の調査によると、そのようなデマを1つ以上見た人は、なんと70％にも上っていた。

デマやフェイクニュースの中には、特定の人物や企業に対して攻撃的な内容が含まれるものも少なくない。イラッとして攻撃的な投稿をする前に、情報を冷静に判断する必要がある。

そして、他の情報源を当たってもよく分からないような真偽不明の情報だったならば、それをもとに誰かを攻撃したり、あるいは友人・知人・フォロワーに拡散したりするのは控えるべきである。

もう１つ、このようにネットの情報の偏りを知っておけば、いざ自分が「極端な人」からターゲットにされた時も、冷静に対処が出来る。

ひとたび自分に誹謗中傷が集中して炎上状態になると、周りは皆敵のように見えてくる。しかし実は、そのような声というのはごく一部の「極端な人」が発しているだけであり、社会全体の意見分布とは大きく乖離《かいり》している場合が多いのだ。

触れる情報は常に偏っている

これは言うなれば、ＩＴリテラシー・情報リテラシーを高めようということである。それには我々自身が気を付けるということだけではなく、教育による取り組みも必要だろう。

私は、リテラシー教育には、情報の発信に関するものだけでなく、受信に関するものも必要だと考えている。よくリテラシーというと、発信に関するものに目が行きがちだ。ネット上での言葉遣いも良識に従う。差別表現や過剰な誹謗中傷は自制する。確かにこれらは非常に重要なことである。

しかし同時に、先述したような情報の受信に関すること――情報は偏っているかもしれない、デマかもしれない——こういったことも教育の中に取り入れていく必要があるだろう。

そして、情報が偏っているのは何もネットだけではない。マスメディアも、それがどのようなメディアかによって情報に偏りがあるし、時には誤報があることも忘れてはいけない。

１つ事例を示そう。２０１６年に、「保育園落ちた日本死ね!!!」というタイトルのブログが話題になった。そのブログには、保育園に落ちたことが書かれており、一億総活躍社会と言いながら待機児童問題を解決できていない国に対しての文句を綴っていた。具体的には、「子供を産んで子育てして社会に出て働いて税金納めてやるって言ってるのに日本は何が不満なんだ？」「保育園も増やせないし児童手当も数千円しか払えないけど少子化なんとかしたいんだよねーってそんなムシのいい話あるかよボケ」などと書かれていた。

これに対し、「少子化を何とかしなければならない」「一億総活躍社会」などと言いつつ待機児童問題が解決されないことへの怒りが、多くの共感を呼び、ネット署名、国会議事堂前デモなどに発展していった。

ブログの言葉遣いの悪さ、とりわけ「日本死ね」という表現に対する批判や、筆者に対する誹謗中傷もネット上では多く書かれたが、最終的には塩崎恭久厚生労働相（当時）が母親たちと面会し、緊急対策をまとめる動きへと発展していった。

ここで取り上げたいのは、その緊急対策案に関する報道である。緊急対策案では、主に次の2点が書かれていた。①現在19人以下とされている小規模保育所の定員を22人まで増やす。②自治体が独自に「1歳児5人につき保育士1人」としている基準を国の基準に合わせて「6人に1人」に緩和することを自治体に要請する。

この発表に対して、新聞が報じたのはこうだ。

毎日新聞：小手先の案が多い
朝日新聞：子供や現場の保育士にしわ寄せがいく
産経新聞：選挙対策に過ぎない、保育士の負担が増加する
読売新聞：有力な受け皿となる

明らかに、前の3紙は政府に対して批判的な意見なのに対し、最後の読売新聞は政府を評価する報じ方をしている。同じ物事を新聞が伝える場合でも、これほど読者に与える影響は異なってくるのである。

情報は常に偏っている——このことはネットだけではなく、我々が生活する中で当たり前

に意識すべきことであるといえる。

年齢を問わない教育の充実が必要

さらに、このような情報の発信と受信双方に関するリテラシー教育は、子供だけではなく大人にも実施していく必要があるだろう。繰り返し言っているとおり、「極端な人」になってしまうのは若い人だけではない。定年退職後のネトウヨ化[7]といった言葉も聞く。

子供と違って学校教育をほどこせない大人に対して啓発していくのは難しいが、例えば、会社の研修において、新人研修だけでなく、幹部研修や様々な研修において、このような情報発信・受信に関する内容や、自分が「極端な人」になってしまった時のリスクなどを盛り込んでおくという手がある。

私は日本リスクコミュニケーション協会の理事も務めている。それも、社会人を対象に、リスクコミュニケーションについて啓発すると共に、自分で考え、組織内でそれを活かしていく力を養ってもらいたいという理念に深く賛同したからだ。

あるいは、既にメインターゲットがかなり高齢化しているマスメディアにおいて、情報リテラシーやＩＴリテラシーについて、積極的に報じていくのもいいかもしれない。

総務省とみずほ情報総研が調査したところによると、フェイクニュースの啓発について、ファクトチェックに関するテレビ番組を見たいという意見が36・4%と、「学校・職場での授業や研修の実施（38・8%）」に次いで2番目に多かった。実際、韓国では、ファクトチェックに関する番組をお洒落に放映することで、人気番組になっているということもある。

②自分の「正義感」に敏感になる

次に、5箇条の2番目、自分の「正義感」に敏感になるという点について記そう。正義感というものは非常に厄介である。人は自分が正しく相手が間違っていると思うとつい攻撃的になってしまう。さらに、正義感をもとに他人を叩くことで快楽が生じるので、「極端な人」に向かうループを止めるのは難しい。

だからこそ、自分の感情に敏感にならなければいけない。テレビを見ていて、新聞を読ん

7　ネトウヨとはネット右翼のこと。定年退職後、時間が出来たのでネットを多く使うようになった結果、ネット右翼の言説がまとめられているようなウェブサイトにハマって自身もネトウヨ化してしまう現象のことを指す。

でいて、ネットニュースを見ていて、ツイッターをやっていて、「イラッ」とする情報に出合うこともあるだろう。時には、「許せないなこいつ」と思うかもしれない。

その感情を抱いたまますぐにＳＮＳに投稿するのを、少しだけ待ってみよう。お茶でも飲んでゆっくりしてみるのもいいかもしれない。その気持ちは、本当に世界に発信すべきだろうか。その気持ちは、本当に見ず知らずの他人に対して攻撃的なメッセージを送らなければいけないほどのものだろうか。

リシンクの実証実験結果は、システムの有効性を証明していると同時に、この「一呼吸置く」ということが言論において非常に重要なことを示唆している。現実社会でも、感情的になった時は一度落ち着こうというだろう。怒りを感じたまま、ヒステリーに相手をなじっても解決しないことは多い。

この一呼吸置くということは、情報社会になって驚くほどやられなくなった。ＳＮＳというものは人々が自分の意見を発信するハードルを極限まで下げてくれた。これはとても素晴らしいことであるが、同時に、人々がよく考えずに発信することも可能にしてしまった。

あなたが義憤にかられた時、許せないなと思った時、怒りを感じた時——そういった時だからこそ、一呼吸置くということを忘れなければ、「極端な人」にならずに済むのである。

③自分を客観的に見る

３番目に挙げた、自分を客観的に見るということはつまり、過剰な批判や誹謗中傷をしている自分のことを、第三者目線で、客観的に見てみるということである。人は自分のことを棚に上げて、他人を責めてしまいがちだ。

しかし、あなたはそれほど何のミスもせず、悪いことを１つもしないような、聖人君子だろうか。もし今そうだと考えていても、子供の頃はどうだろうか。

人は、自分に甘く他人に厳しくなりがちなものである。もしかしたら、あなたの周りでも心当たりがあるかもしれない。

例えば、仕事上、何かミスをした人に対して必要以上に責め立てる上司がいないだろうか。しかしその人は、いざ自分がミスをすると、自分のせいではなく何か他の要因を言い訳にしたり、他の人にミスをなすりつけたりする。自分に甘く他人に厳しい人というのは、こうして相手の間違いやミスはすぐに見つけて責め立てるのに、自分のことは振り返れない人だ。

このような現象を、「行為者・観察者バイアス」という。要するに、他人の行動についてはその人の内面に原因があると考えるのに対し、自分の行動については自分を取り巻く環境に原因があると考えるというものである。人は皆こういったバイアスをもっているものだが、それが行き過ぎると「極端な人」になってしまう。

こうならないために大切なのは、常に自分を客観的に見ている自分を用意することだ。つまり、分析と冷静さを忘れないで情報に接するのが重要というわけである。

「にんげんだもの」を忘れない

社会心理学を専門とする大阪大学教授の三浦麻子氏は、人間は基本的に自分たちが考えているよりも愚かな存在であるということを指摘している。つまり、たいていの場合、状況に応じて適切なふるまいをしたと考えているのだが、実際にはそう出来ていない様々な障害を、意識できない直感的なレベルで抱えているというのである。これを、三浦氏は「にんげんだもの」と表現している。

そして、このような「極端な人」がネットにはびこる現状について、その背景として様々な「障害」を挙げている。例えば、「自分がしたことが他者に及ぼす効果」と「他者に自分がされたことが自分に及ぼす効果」については、たとえ同じことをしていた・されていたとしても、その認知が歪むという、認知的バイアスがある。具体的には、前者は後者よりも過小推定されるのである。

つまり、自分が書き込んだ誹謗中傷が相手に及ぼす効果は、過小に評価される。木村さんの事件で誹謗中傷を書き込んでいた人が「傷つく傷つかないは関係なく　とりあえず自分の思いを言いたかった」と述べていたことからも、これが垣間見える。しかし、ひとたび自分が誹謗中傷のターゲットにされれば、それは過大に評価され、「なんて嫌なことを言うやつなんだ！」と憤るわけである。

要するに、人は非常に非合理的であり、それゆえに我が身を振り返らずに、他人を必要以上に責め立ててしまうのだ。言ってしまえば、人はそもそも「極端な人」になりやすいのである。

これは人間の本質的なことであり、太古の昔からあった現象だろう。しかしそれは、ＳＮＳというものが普及した社会では、誰の目にもさらされる場所で行われるようになり、目立つようになった。

だからこそ、そのような人間の本質である「にんげんだもの」を忘れない。自分の認知は歪んでいるということを自覚し、少し気を付けることで、「極端な人」になってしまうのを防ぐのである。

④情報から一度距離をとってみる

4番目は、情報から一度距離をとるというものだ。

ネットが普及して情報社会になり、我々は毎日のように大量の情報に接するようになった。SNSやネットニュースを見れば、すぐに一日で読み切れない量の情報と出合うことが出来る。情報摂取元がテレビや新聞がメインだった頃と比べれば、この変化は劇的だ。

これはもちろん、我々の生活を大きくアップデートしてくれた。人々は気軽に情報に接し、いま世界で・国内で何が起こっているか、気軽に知ることが出来るようになった。さらに、SNSをひとたび立ち上げれば、そこには様々な人の意見が書かれ、色々な情報が流れている。

書籍や動画といった旧来からあるコンテンツへのアクセスも、非常に楽になった。動画サイトを見れば、全く見切れないほどの様々な動画が無数に存在する。私も、仕事柄論文を読むことが多いが、昔であれば中々読めなかったであろう海外のジャーナルも、今ではネットでいくらでも読むことが出来る。

しかし、それに伴って、我々は毎日情報の嵐に晒されることとなった。これだけ情報があれば、自分が不快に感じる情報と出会う頻度も必然的に高くなる。

しかも、最近の新型コロナウイルスによって、暗いニュースが多くなった。そうなると、情報に接すれば接するほどどんどん不安になっていってしまう。先述したように、あなたが不安になれば、それだけ正義感から人を攻撃して快楽を得ようとしてしまう……。つまり、「極端な人」に向かっていってしまうのだ。

今のように情報があふれる時代だからこそ、少し情報から離れるのもいいかもしれない。情報から離れれば、陽性だったのにバスに乗った人を見て、一々イライラすることもない。自分の気にくわない政治ニュースを見て不快に感じることもない。そうすれば、様々なメカニズムで「極端な人」になってしまうのを回避できるだろう。

⑤他者を尊重する

５箇条の最後は、他者を尊重するという点である。

あなたは今、「なんだ、当たり前の道徳心じゃないか」と思ったかもしれない。しかし、その当たり前の道徳心が、実は非常に大切なのである。

他者を尊重するというのは、要するに「他人」と「自分」をフラットに見て、相手のことに想いを馳せるということだ。そうすれば、自分がやられて嫌なことを相手にしたら、相手がどう思うか想像できる。だからそれをしなくなる。

情報社会になり、人々は多くの時間をデジタル空間で過ごすようになった。仕事でもプライベートでもパソコンやスマートフォンに向かっている時間は非常に長い。そして、ＳＮＳの普及は、誰もが自由に発信できるような、一億総メディア時代を作り出した。

そのような、デジタルな時代だからこそ、そして誰もが発信者になれる時代だからこそ、アナログの、当たり前の道徳心を育むことを忘れてはいけない。

もし、全人類が他人を尊重できていれば、「極端な人」はもちろん誕生しないし、炎上も、フェイクニュースも、ネットいじめも、ありとあらゆるネット上の課題も起きないはずである。

これは議論でも同様だ。私は研究者だが、研究者というものはとかく議論を良くするし、批判もする。理論や結果が合わずに批判し合うことはざらだ。そもそも論文を公表することが研究者の大きなミッションの１つであるが、そのプロセスである査読（他の研究者による審査）では、たいてい大量の批判をもらう。

しかし、そのような批判においても、他者を尊重するということが重要なのだ。尊重して批判するというのは、一見矛盾しているように見えるかもしれない。しかし、相手の考え方や研究結果に対し、別の観点から批判を加えるのと、相手の人格そのものを否定するような誹謗中傷をするのとは全く別のことだ。

日本では、欧米に比べてディスカッションの練習をする機会が極めて少ないと言われる。そのため、残念ながら「相手を尊重して批判する」ということになれていない人も多い。

議論の場にもかかわらず、不適切な罵り方をしたり、人格を否定したりする人も少なくない。そして受け手もまた、あくまでも批判であるにもかかわらず、それを自分への攻撃と混同して不機嫌になったり萎縮したりすることも多い。

私たち一人一人が、「他人を尊重する」という当たり前の道徳心を育み、意識する。それと同時に、ディスカッションを教育現場にもっと取り入れて、相手を尊重しながら批判的にものを見ることを練習する。こういったことの積み重ねが、社会全体として「極端な人」が生まれるのを抑制し、健全な議論や合意形成が出来る社会に繋がっていくと考えている。

近代化の歴史の中で情報社会を捉える

「ネットの根源的な特徴が、『極端な人』が社会に大きな影響を与えることを助長している」

このように聞くと、ネットはこの先どうなってしまうのかと不安になるものだ。実際にネットには様々な問題が発生しており、「ネットはもう駄目だ」「ネットで議論するなど、夢のまた夢」というように悲観的になっている有識者も多い。

しかし、「ネットがこの先どうなるか」といったような大きな問いを考える際には、もっと大きな、マクロ的な視点でこの先の未来を予測する必要がある。そこで最後に、今我々がいる地点を、「近代化」の歴史の文脈で分析してみよう。

近代化の歴史の捉え方はいくつかあるが、ここでは多摩大学情報社会学研究所所長の公文俊平氏が提唱する①国家化（軍事化）、②産業化、③情報化の3段階論で捉えてみよう。

近代がいつからはじまるかは論争があるが、ヨーロッパで考えると、通常は16世紀ごろには中世が終わり、近世に入ったとされる。オハイオ州立大学教授のジェフリー・パーカー氏は、中世が終わる１５００年代半ばごろ、「軍事革命」があったとしている。軍事革命とは、大砲と銃の普及により、それまでの武具をまとった騎士同士の戦いから、大勢の兵士による集団戦へと戦争の様相が変化したことをいう。

大砲と銃は、騎士ほどの訓練を積んでいない人が使用しても、人を殺傷したり城壁を壊したりするのに十分な能力を発揮するため、平時は農民であり、有事の際だけ兵士になるような人でも戦争で十分な力を発揮できるようになった。

その結果、軍事力とは封建騎士の独占物ではなくなり、軍事力の民主化（自由化）が起こった。そして、戦争が続いて封建諸侯が疲弊する中、中央集権化した絶対王政が力を増し、主権国家が形成されはじめた。これを国家社会と言ってもいいだろう。

その時代においては、国家同士の争いで勝つことが重視される価値観であり、「公＝政府」が強かった。国々はとにかくこぞって軍事力を強化し、戦争を繰り返していた。

このようなことは、グーグルブックス・エヌグラムビューワー（Google Books Ngram Viewer）からも分かる。このサービスは、グーグルが電子化して保有している１５００年〜２００８年の書籍の中で、５００万点以上の書籍に出現する約５０００億の語句を追跡できるようにしているサービスである。５００万点という数は、これまでに出版された全書籍の約４％といわれている。

このサービスを使って、書籍における「Ｗａｒ」という単語の出現頻度を見てみる。「Ｗａｒ」に注目するのは、後世の学者が考えたような用語ではなく当時も一般的に使われていた用語であり、かつ、争いがどれほど重視されていたか端的に確認できるからだ。

それを見ると、なんと、第一次世界大戦や第二次世界大戦のころに比べて、１７００年頃の方がはるかに多く出現していることが分かる。具体的には、第二次世界大戦があった１９４５年頃の「Ｗａｒ」という単語の出現頻度に対し、１７００年頃の出現頻度は２倍もある。それほど、今の我々には想像がつかないレベルで、「Ｗａｒ＝戦争」が重視されていたことが分かる。

経済を重視する産業社会の出現

しかしこのような社会も、ある出来事で急変する。そう、１７００年代半ばに起きた産業革命である。産業革命はまさに劇的な変化を先進国にもたらした。その変化は、西欧の１人当たりのＧＤＰを西暦０年からグラフにすると、産業革命を境に崖が出来ているかと思うほど、急速に成長していることからも分かる。

産業革命によって、それまでの戦争による外交を重視していた時代は終わりをつげ、人々も、国も、こぞって経済的な競争をするようになっていく。そして、軍事の民主化で軍事革命が起こったように、経済の民主化（自由化）が起こる。先進国では取引の自由と開かれた市場が重視され、出来る限り経済の自由を保障することで急速な経済的発展を可能とした。

１７７６年に公刊された、有名なアダム・スミスの『国富論』でも、経済活動の自由が推奨されている。[8]

この時代は富を築くことが重視される価値観となり、豊かな企業人（大企業社長等）が英雄とみなされるようになった。お金を稼ぎ、高い家、高い車、高いバッグを買うことがステータスであった。国の政策でも経済を重視し、とにかく経済発展を第一に掲げるようになった。その結果が、今の豊かな産業社会である。人々は経済活動の自由を駆動力に発展し続け、物質的に豊かで物のあふれる社会を実現したのである。

一人一人の心掛けが豊かな情報社会を作る

しかし、このような産業社会も、先進国のＧＤＰ成長率鈍化に見られるように、近年終わりを迎えようとしている。では、何が始まったかというと、ネットの普及を皮切りに始まった情報社会である。

８　個々が利益を追求する市場原理に任せれば、見えざる手によって経済にとって最適な資源配分が達成されるといった、いわゆる「神の見えざる手」だ。

この情報社会では、ビジネスの核の部分が大きく変わりつつある。ＳＮＳ、ＩｏＴ、人工知能といった革新的な技術が、我々の生活を支えつつある。

そして、価値観も、これまでの「モノの豊かさ・富を築くことを重視」といったものから、「繋がり・感謝されること・心の豊かさを重視」といったものに、若い人を中心に変わりつつある。

例えば、小学生の将来の夢にユーチューバーがランクインする。あるいは、ラインで大きなグループを運営している人は英雄と称えられる。インスタグラムで多くのフォロワーを抱える人はスターだ。

なぜ、若者にとって彼ら彼女らは魅力的なのだろうか。もちろん、それによってお金を稼いでいるというケースもあるが、それ以上に、活動をとおして、多くの人を喜ばせたり感謝されたりしているのが魅力的に映るのである。まさに、繋がりや感謝されることを重視している価値観だ。

このように技術・ビジネスの破壊的変化と価値観の大幅な変革が起こっている中で、まさに新しい時代――情報社会――が始まっていると言っていいだろう。

そして、これまで国家社会や産業社会が２００年程度続いてきたことを考えると、この情報社会も２００年程度続く可能性が高い。そう考えると、「ネットが普及してもう数十年も経った」ではなく、「ネットが普及してまだ数十年しか経っていない」のであり、我々はまだ情報社会の黎明期にいると予想される。実際、情報社会の駆動力とも言えるデータ生産量は、今も指数関数的に増加し続けている[9]。

そして振り返れば、どの時代も黎明期には様々な問題が起こっていた。軍事革命直後は、兵士の多くは傭兵であったため、略奪やその他犯罪の頻発などの問題が発生した。いわば軍事力の濫用が起こったといえる。産業革命直後も、多くの児童が劣悪な環境で労働に従事させられて命を落としたように、様々な問題が発生していた。経営側による経済力の濫用が起こったのである。

以上を踏まえると、今、情報社会において「極端な人」が社会に大きな影響力を持ってしまっているのは、このような時代時代の黎明期に必然的に起こる問題と捉えることが出来る。

9　例えば、産業社会の駆動力である石炭と比較して考えてみよう。米国での石炭消費量は、産業革命後50年ほど経った１８００年代初頭で、ピーク時の１９９０年の約０・０００１倍である。情報革命後数十年経った今、我々が考えている「ビッグデータ」も、情報社会のピークから比較すると、あまりにも少ない量かもしれない。まだまだこれから増え続ける段階なのである。

つまり、突然身に付けてしまった過剰な情報発信力を濫用している一部の「極端な人」が、社会を乱しているだけだというわけだ。

そして、どの時代においても、黎明期に発生した問題というのは、人々自身の手によって様々なルールを作ったり、新たな技術を導入したりすることで解決してきた。そう考えれば、ネットのこのような問題も、今後我々自身が様々な問題を解決しながら、大いに発展していくという予想が立たないだろうか。

私は、人間一人一人が他者を尊重し、適切なルールメイキングをしていくことで、ネットが健全な発展を遂げていくのは「これから」だと考えている。ネットの将来を悲観していない。

そしてその際には、産業社会が「経済の自由」で発展したように、情報社会が「表現の自由」を保障したまま発展させていくものと、信じてやまないのである。

あとがき

どのような考えであれ、行き過ぎた「極端さ」というのは毒となる――。

最近、このように思うことが多くなってきた。ネットを見ていれば、政治的に右だろうと左だろうと、極端に攻撃的な意見を書き込んでいる人を少なからず見る機会がある。あるいは、何かのファンとアンチでもよい。ツイッター、ヤフーニュースのコメント欄、フェイスブック……実名か匿名かに限らず、そのような意見を見つけるのは容易い。

そういった書き込みは多くの場合、誰かを頭ごなしに否定したり、侮辱・罵倒したりしている。明らかに「他人に迷惑をかける行為」であり、他者を尊重していない書き込みである。しかし発信している本人は気付かない。なぜなら、その背景には自分は正しいと思う「正義感」があるからだ。

正義とは、非常に扱いの難しいものである。人は「自分は正しい」と思った時こそが、一番危険だ。正義とは、人々の目を曇らせる。自分のことは棚に上げ、間違っているというレッテルを貼った人や企業を非難する。

そして厄介なのが、この正義感による攻撃というものが、私たちのかなり身近にあるということだ。あなたは、テレビで自分の支持していない政党の不祥事が発覚したらどうするだろうか。あるいは、新型コロナウイルスの問題があるのに会食をしたり夜の街に繰り出したりして感染した人を見てどうするだろうか。

もしテレビの前で声を荒らげて批判しているとしたら、「極端な人」予備軍である。「自分はこの人たちと違って正しいんだから批判して当然」と思った時、あなたは正義中毒に侵されているのだ。

そういう時には、一歩立ち止まってみよう。自分はそれを批判できるほど常に立派な人間だろうか。最近批判ばかりしているけれど、自分は社会のために何をしているだろうか。客観的に自分の行動を捉え、我が身を振り返ることが大切だ。

そして批判ばかりするのではなく、感謝することを重視するような生活に変えてみよう。

人間、批判したり罵倒したりすると、一時的な快楽は得られる。しかしそれで満たされることは稀である。他人の良いところを見つけ、してもらったことに感謝することに重きを置く。些細なことでも感謝を忘れない。そうすれば、人生はもっと豊かで、楽しく明るくなるはずだ。

私がソーシャルメディアの研究をし始めたのは２０１４年である。様々な人にお世話になりながら、当時はほとんど実証的な研究がされていなかった「ネット炎上」をテーマに研究を始めた。しかしそこから5年以上研究をしていく中で、ネット炎上、さらにはネットの言説全体の背景には、人間の本質そのものがあることに気付いていきた。

クレーマーと炎上参加者の特徴の酷似がよい例だが、誹謗中傷や炎上といった問題は、何もネットだけの問題ではない。人、そして社会そのものの抱えている大きな課題なのだ。ネットはそれを増幅させ、際立たせる装置に過ぎない。

だからこそ、この問題を解決するのは難しい。

実際、「ネット社会はもうどうしようもなく、暗い未来しかない」というような意見を多く見かけるようになった。確かに、ネット上での炎上件数は増え、ネットの誹謗中傷を苦に亡くなってしまう人まで出ている。新型コロナウイルス関連のニュースを見ていても、様々なデマの拡散や、明らかに行き過ぎな「自粛警察」など、多くの弊害を感じる。

私自身、「誰も傷つかない社会」なんていうものは不自然だし、ないと思っている。

しかし、私はネット社会の未来は暗いというスタンスはとらない。人はこれまでも、目まぐるしく変わる社会に対応して変化することで、今の豊かな社会を築き上げてきたからだ。

ネットで誰もが繋がり、誰もが平等に発信できるようになり、大きく環境は変わった。情報に接する機会は増え、オンライン・オフラインを合計した総コミュニケーション量も急増した。

このように繋がりが広がると、それだけ人間の本質が出てくるのはいわば当然である。そしてこのような繋がりの発展は、今後ますます加速していくだろう。人工知能によって、人が考えていることを描写することが出来るようになってきている。センサーによって人の感覚を共有するような技術も出てきている。このような技術が将来普及すれば、間違いなく人同士の繋がりは今より広く、濃くなっていくだろう。これが情報社会の本質なのである。

ソーシャルメディアという革新的なサービスは、その変化の始まりに過ぎない。人類は初めて、これほど強く、他者との関係性の中での自分たちの本質に向き合わなければいけない時が来たのである。これは人類にとって大変意義のあることだ。

これをただ「解決すべき問題」「解決が難しいからもうどうしようもない」と単純化するのではなく、受け入れたうえでの対応を考えた先に、人類にとっての新しいステージがあるのではないか。そう、このネットのもたらした現象を乗り越えることは、次なる時代のための進化なのだ。そして、人々はその進化を間違いなく遂げると、私は信じている。

最後に、本書を発行するに当たり、支えてくださった多くの方々にお礼を述べて締めくくりたいと思う。

まず、恩師であり、本書のベースとなった『ネット炎上の研究』（勁草書房）共著者でもある田中辰雄先生には、現在に至るまで色々な点でご指導いただいているだけでなく、多くの共同研究をとおしてお世話になっている。ソーシャルメディア研究のきっかけをくださったのも田中先生であり、常に様々なことをご教示していただいた。田中先生がいなければこの本は存在していなかったといっても過言ではなく、心から深謝の意を表する。

また、本書を執筆するに当たり、リサーチアシスタントの大島英隆氏に調査協力をいただいた。心より御礼申し上げる。

本書の編集を担当してくださった光文社の三宅貴久氏には、適切な編集と、寄り添っての的確なアドバイスをしていただいた。深謝の意を表する。また、同じく光文社編集で、最初にお声がけいただいた藤あすか氏には、率直に意見を交わしていく中で、様々な観点からご示唆をいただいた。深く御礼申し上げる。

最後に、いつも研究活動を支えてくださる国際大学グローバル・コミュニケーション・センターの皆さんや、家族に様々な面でサポートいただき、本書の発行に至った。心より感謝申し上げる。

3(1), 213–223.

板倉陽一郎 . (2006). インターネット上における「意図せぬ公人化」を巡る問題 . *情報処理学会研究報告電子化知的財産・社会基盤（EIP）*, 2006(128), 9–14.

日本ネット輸出入協会 . (2018). フェイクニュース対策としての法律　～評価が分れるドイツのネットワーク執行法を参考に . https://jneia.org/180506-2/

徐東輝 . (2020). SNS 上の誹謗中傷への規制のあり方 . https://note.com/tonfi/n/n9e7aeade94cc

第５章

みずほ情報総研 . (2020). *日本におけるフェイクニュースの実態等に関する調査研究　ユーザのフェイクニュースに対する意識調査―報告書―*.

三浦麻子 . (2020). なぜ炎上・デマの拡散をしてしまうのか . 第 4 回情報法制シンポジウム . https://www.jilis.org/events/data/20200622jilis_sympo-miura.pdf

公文俊平 . (1994). *情報文明論* . NTT 出版 .

公文俊平 . (2015). プラットフォーム化の 21 世紀と新文明への兆し , *NIRA 研究報告書* .

Parker, G. (1996). *The military revolution: Military innovation and the rise of the West, 1500–1800.* Cambridge University Press.

Smith, A. (2007). *The Wealth of Nations: An inquiry into the nature and causes of the Wealth of Nations.* Harriman House Limited.

年/2014年ウェブ調査の分析結果をもとに. *年報人間科学*, *38*, 211-224.
山口真一. (2015). 実証分析による炎上の実態と炎上加担者属性の検証. *情報通信学会誌*, *33*(2), 53-65.
山口真一. (2015). ネット炎上の実態と政策的対応の考察：実証分析から見る社会的影響と名誉毀損罪・制限的本人確認制度・インターネットリテラシー教育の在り方. *情報通信政策レビュー*, *6*, 52-74.
山口真一. (2018). *炎上とクチコミの経済学*. 朝日新聞出版.
田中辰雄, & 山口真一. (2016). *ネット炎上の研究*. 勁草書房.
NHK. (2020). 木村花さんの死が問いかけるもの. https://www3.nhk.or.jp/news/html/20200604/k10012457591000.html
NHK. (2020). ネットのひぼう中傷　なくすために　～女子プロレスラーの死～. https://www.nhk.or.jp/gendai/articles/4425/index.html
山口真一. (2017). 炎上に書き込む動機の実証分析. *InfoCom review*, (69), 61-74.
平井智尚. (2012). なぜウェブで炎上が発生するのか：日本のウェブ文化を手がかりとして. *情報通信学会誌*, *29*(4), 61-71.
吉野ヒロ子. (2016). 国内における「炎上」現象の展開と現状：意識調査結果を中心に. *広報研究＝ Corporate communication studies*, (20), 66-83.
中川淳一郎. (2009). *ウェブはバカと暇人のもの：現場からのネット敗北宣言*. 光文社.
中川淳一郎. (2010). *ウェブを炎上させるイタい人たち：面妖なネット原理主義者の「いなし方」*. 宝島社.
中野信子. (2020). *人は、なぜ他人を許せないのか？*. アスコム

第4章

Kiesler, S., Siegel, J., & McGuire, T. W. (1984). Social psychological aspects of computer-mediated communication. *American psychologist*, *39*(10), 1123.
柳文珠. (2013). 韓国におけるインターネット実名制の施行と効果（研究）. *社会情報学*, *2*(1), 17-29.
千代原亮一. (2005). インターネットにおける匿名言論の保護. *研究紀要*,

than joy: Sentiment correlation in Weibo. *PloS one, 9*(10), e110184, 1–8.
NHK. (2020). [新型コロナウイルス] 解析で判明 攻撃的な投稿が早く拡散する理由——NHK スペシャル.
https://www.youtube.com/watch?v=yVQvvIpLaBs
Allcott, H., & Gentzkow, M. (2017). Social media and fake news in the 2016 election. *Journal of Economic Perspectives, 31*(2), 211–36.
Vosoughi, S., Roy, D., & Aral, S. (2018). The spread of true and false news online. *Science, 359*(6380), 1146–1151.

第２章

鳥海不二夫. (2020). 非実在型炎上とその影響. *第 4回情報法制シンポジウム*. https://www.jilis.org/events/data/20200622jilis_sympo-toriumi.pdf
アライドアーキテクツ. (2020). 消費者は今企業 SNS をどう見ている？「新型コロナウイルス感染症拡大に伴う消費者の SNS 利用実態調査」結果発表. https://service.aainc.co.jp/product/echoes/voices/0028
MBS. (2020). 店への張り紙や落書き ... 広がる『自粛警察』なぜそこまでやるのか？　専門家に聞く.
https://www.mbs.jp/mint/news/2020/05/15/076997.shtml
スマイリーキクチ. (2014). *突然、僕は殺人犯にされた*. 竹書房.
NEWS ポストセブン. (2020). “ガラケー女” に間違われた女性、人生を変えた壮絶な１日.
https://www.news-postseven.com/archives/20200207_1540121.html?DETAIL
池内裕美. (2010). 苦情行動の心理的メカニズム. *社会心理学研究*, *25*(3), 188–198.
田中辰雄, & 浜屋敏. (2019). *ネットは社会を分断しない*. 角川新書.
NHK. (2016).「不寛容社会」に関する世論調査（RDD 追跡法）単純集計結果.
https://www.nhk.or.jp/bunken/research/yoron/pdf/20160616_1.pdf

第３章

古谷経衡. (2013). *ネット右翼の逆襲：「嫌韓」思想と新保守論*. 総和社.
辻大介. (2017). 計量調査から見る「ネット右翼」のプロファイル：2007

Empirical Analysis in Japan. *The Review of Socionetwork Strategies, 12*(2), 167–181.
山口真一. (2018). *炎上とクチコミの経済学*. 朝日新聞出版.
Richins, M. L. (1983). Negative word-of-mouth by dissatisfied consumers: A pilot study. *Journal of Marketing, 47*(1), 68–78.
Sunstein, C. R. (2001). *Republic.com.* Princeton University Press.
Brown, R. (2003). *Social Psychology 2nd Ed,* Free Press.
Adamic, L. A., & Glance, N. (2005). The political blogosphere and the 2004 U. S. election: divided they blog. In *Proceedings of the 3rd international workshop on Link discovery,* 36–43.
Bessi, A., Zollo, F., Del Vicario, M., Puliga, M., Scala, A., Caldarelli, G., UZZI, B., & Quattrociocchi, W. (2016). Users polarization on Facebook and Youtube. *PloS one, 11*(8).
Cota, W., Ferreira, S. C., Pastor-Satorras, R., & Starnini, M. (2019). Quantifying echo chamber effects in information spreading over political communication networks. *EPJ Data Science, 8*(1), 1–13.
Gruzd, A., & Roy, J. (2014). Investigating political polarization on Twitter: A Canadian perspective. *Policy & Internet, 6*(1), 28–45.
Dimock, M., Kiley, J., Keeter, S., & Doherty, C. (2014). *Political polarization in the American public: How increasing ideological uniformity and partisan antipathy affect politics, compromise and everyday life.* Pew Research Center.
田中辰雄, & 浜屋敏. (2019). *ネットは社会を分断しない*. 角川新書.
Short, J., Williams, E., & Christie, B. (1976). *The social psychology of telecommunications.* John Wiley & Sons.
時岡良太, 佐藤映, 児玉夏枝, 田附紘平, 竹中悠香, 松波美里, 岩井有香, 木村大樹, 鈴木優佳, 橋本真友里, 岩城晶子, 神代末人, & 桑原知子. (2017). 高校生のLINEでのやりとりに対する認知に現代青年の友人関係特徴が及ぼす影響. *パーソナリティ研究*, *26*(1), 76–88.
Ramos, M., Shao, J., Reis, S. D., Anteneodo, C., Andrade, J. S., Havlin, S., & Makse, H. A. (2015). How does public opinion become extreme?. *Scientific Reports, 5,* 10032, 1–14.
Fan, R., Zhao, J., Chen, Y., & Xu, K. (2014). Anger is more influential

参考文献

はじめに

デジタル・クライシス総合研究所 . (2020). *デジタル・クライシス白書 2020.*

藤代裕之 . (2016). テレビが“ネット炎上”を加速する（特集“ネット炎上”とテレビ). *Galac= ぎゃらく* , (568), 12–15.

池内裕美 . (2018). *悪質クレーム対策（迷惑行為）アンケート調査分析結果～サービスする側、受ける側が共に尊重される社会をめざして～* . UA ゼンセン 流通部門 .

第 1 章

NHK. (2020). ネットのひぼう中傷　なくすために　～女子プロレスラーの死～ . https://www.nhk.or.jp/gendai/articles/4425/index.html

山口真一 . (2015). ネット炎上の実態と政策的対応の考察 : 実証分析から見る社会的影響と名誉毀損罪・制限的本人確認制度・インターネットリテラシー教育の在り方 . *情報通信政策レビュー* , *6*, 52–74.

辻大介 . (2017). 計量調査から見る「ネット右翼」のプロファイル : 2007 年 /2014 年ウェブ調査の分析結果をもとに . *年報人間科学* , *38*, 211–224.

田中辰雄 , & 山口真一 . (2016). *ネット炎上の研究* . 勁草書房 .

Barberá, P., & Rivero. (2014). *Political discussions on Twitter during elections are dominated by those with extreme views.* The London School of Economics and Political Science. https://blogs.lse.ac.uk/politicsandpolicy/political-discussions-on-twitter-during-elections-are-dominated-by-those-with-extreme-views/

Gollwitzer, A. (2018). Social Media Use Relates to Perceiving the United States as More Politically Polarized. *SSRN*, 1–15.

Yamaguchi, S. (2020). Why Are There So Many Extreme Opinions Online?: An Empirical Analysis Comparing Japan, Korea, and the United States. *SSRN*, 1–35.

Yamaguchi, S., Sakaguchi, H., & Iyanaga, K. (2018). The Boosting Effect of E-WOM on Macro-level Consumption: A Cross-Industry

山口真一（やまぐちしんいち）

国際大学グローバル・コミュニケーション・センター准教授。1986年生まれ。博士（経済学）。専門は計量経済学。研究分野は、ネットメディア論、情報経済論、プラットフォーム戦略など。「あさイチ」「クローズアップ現代＋」（NHK）や「日本経済新聞」をはじめとし、メディアにも多数出演・掲載。組織学会高宮賞、情報通信学会論文賞、電気通信普及財団賞、紀伊國屋じんぶん大賞（2017年23位）を受賞。主な著作に『なぜ、それは儲かるのか』（草思社）、『炎上とクチコミの経済学』（朝日新聞出版）、『ネット炎上の研究』（共著、勁草書房）などがある。他に、東京大学客員連携研究員、日本リスクコミュニケーション協会理事、海洋研究開発機構アドバイザーなどを務める。

正義《せいぎ》を振《ふ》りかざす「極端《きょくたん》な人《ひと》」の正体《しょうたい》

2020年9月30日初版1刷発行
2023年8月30日　　2刷発行

著　者 —— 山口真一
発行者 —— 三宅貴久
装　幀 —— アラン・チャン
印刷所 —— 萩原印刷
製本所 —— ナショナル製本
発行所 —— 株式会社光文社
東京都文京区音羽1-16-6（〒112-8011）
https://www.kobunsha.com/
電　話 —— 編集部03(5395)8289　書籍販売部03(5395)8116
業務部03(5395)8125
メール —— sinsyo@kobunsha.com

 ISBN 978-4-334-04495-4

光文社新書

1086
伝え方は「順番」がすべて
分単位のコミュニケーションが心を動かす

小沼竜太

圧倒的人気を誇るスマホ向けRPG「Fate/Grand Order」（通称FGO）ほか、数々の人気ゲームのプロモーションに携わる〝ゲームの宣伝屋〟が初めて明かす「伝え方」の極意。

978-4-334-04493-0

1087
恋愛学で読みとく　文豪の恋

森川友義

名だたる文豪たちが小説に描いた恋ははたして妥当なものなのか。恋愛学を提唱する著者が科学的に分析し、考察する。従来の文学研究にとらわれない、知的なエンターテインメント！

978-4-334-04494-7

1088
正義を振りかざす「極端な人」の正体

山口真一

SNSでの誹謗中傷、自粛警察、不謹慎狩り、悪質クレーマー――奴らは何者か？「炎上はマスメディアが生み出す」「SNSは世論を反映しない」等、データ分析から分かった真実。

978-4-334-04495-4

1089
太田和彦のふらり旅 新・居酒屋百選
名酒放浪編

太田和彦

BS11の人気番組が1冊に！　北は札幌から南は五島まで日本全国19の街の65軒を紹介。本書片手に旅するも良し、読んで思いを馳せるのもまた良し。写真満載のオールカラー版。

978-4-334-04496-1

1090
宇宙に行くことは地球を知ること
「宇宙新時代」を生きる

野口聡一　矢野顕子
取材・文　林公代

誰もが宇宙に行ける日が近づいている――。民間による「宇宙旅行時代の幕開け」という歴史的転換点を迎えた今、宇宙飛行士とミュージシャンが宇宙体験からスペースXまでを語る。

978-4-334-04497-8